Sabine M. Gruber

W0046969

111 Orte im Wienerwald, die man gesehen haben muss

emons:

Bibliografische Information der Deutschen Nationalbibliothek
Die Deutsche Nationalbibliothek verzeichnet diese Publikation
in der Deutschen Nationalbibliografie; detaillierte bibliografische
Daten sind im Internet über http://dnb.d-nb.de abrufbar.

© Emons Verlag GmbH
Alle Rechte vorbehalten
© der Fotografien: Sabine M. Gruber, außer:
Ort 38: Kunstwerke von Cornelia Caufmann
© Covermotiv: shutterstock.com/Scisetti Alfio
Layout: Eva Kraskes, nach einem Konzept
von Lübbeke | Naumann | Thoben
Kartografie: altancicek.design, www.altancicek.de
Kartenbasisinformationen aus Openstreetmap,
© OpenStreetMap-Mitwirkende, ODbL
Druck und Bindung: Grafisches Centrum Cuno, Calbe
Printed in Germany 2020
ISBN 978-3-7408-0844-0
Originalausgabe

Unser Newsletter informiert Sie
regelmäßig über Neues von emons:
Kostenlos bestellen unter
www.emons-verlag.de

Vorwort

»So schön weit weg von Wien und so schön nah von Wien!«

Hans Weigels Ausspruch über (s)einen Lieblingsort im Wienerwald kann man sowohl wörtlich wie auch philosophisch nehmen. So
nah – und doch weit weg: Je tiefer man vordringt, um das Wesent-
liche zu ergründen, desto bewusster wird man sich, wie wenig man
ihn doch im Grunde kennt, den Wienerwald. Selbst wenn man mit-
tendrin lebt – oder gerade dann.

Schon seine enorme Ausdehnung mag so manchen Leser über-
raschen. Von der Donau bis zum Gölsen-Triesting-Tal und vom Wiener Becken bis zum Tal der Traisen erstreckt sich der nordöstlichste
Gebirgszug unserer Alpen, seit 1.000 Jahren als Wienerwald bekannt.
Vor Jahrmillionen ist er allmählich aus dem Urmeer Thetys aufge-
taucht, um sich zu der uns vertrauten Gestalt zu formen. Der Meeresspiegel lag einst 100 Meter höher als die Spitze des Stephansdoms.

Auf natur- und kulturhistorisch wertvollem Boden wandelnd,
begegnet man auf Schritt und Tritt Spuren von Jahrtausenden
Menschheitsgeschichte. Wahre Kleinode und Kuriositäten gibt es zu
entdecken, ungewöhnliche Orte der Kunst und der Literatur, magische Kultorte und heilige Stätten, Zeugen alten Handwerks und früher Industrie, gigantische Wasserbauwerke, besondere Tiere, geheime
Naturwunder, verborgene Ruinen, verblüffende Aussichtspunkte und
Plätze, die an schillernde Persönlichkeiten erinnern. Schon der Weg
von einem Ort zum anderen ist eine Entdeckungsreise; sie führt uns
unter anderem in die Hauptstadt, die ja größtenteils in dem nach ihr
benannten Wald liegt.

Alle 111 Orte erzählen unterhaltsame Geschichten, die sich zu
einer kleinen Natur- und Kulturgeschichte des Wienerwalds ver-
weben. Ich lade Sie herzlich ein, Neues vor der Haustür zu sehen,
scheinbar Altbekanntes mit neugierigen Augen zu entdecken und
womöglich echtes Wienerwald-Neuland zu betreten.

111 Orte

1 Die Allander Türkenhasel

Was die Türken beim Jausnen zurückließen

Sie ist gar nicht so schwer zu finden. Man geht den Weissenweg hinauf, folgt dem Rauschen der Autobahn und hält Ausschau nach einer Art von Baum, die man noch nie gesehen hat. Am höchsten Punkt ragt sie kerzengerade auf: die Allander Türkenhasel. Nur wenige Meter trennen sie von der Schallschutzwand der A 21. Angeblich hat man ihretwegen sogar die Trasse verlegt. Kein Wunder! Immerhin steht sie womöglich seit 450 Jahren hier. Vielleicht auch erst seit 300, zumindest aber seit 200 und seit fast 100 unter Naturdenkmal-Schutz.

Ihre Erscheinung ähnelt keiner hierzulande verbreiteten Baumart. Die Rinde ist dunkel und rissig – wie hochprozentige, grob gehobelte Schokolade. Aus dem geraden Stamm wächst erst ganz weit oben und dann urplötzlich eine Krone, so als hätte ein Kind sie gezeichnet. Wie sie hierhergekommen ist, bleibt ein Rätsel. Der Botaniker Günther Beck von Mannagetta schreibt 1890 in seiner »Flora von Niederösterreich«, man habe die *Corylus colurna* 1582 aus Konstantinopel nach Niederösterreich gebracht, um sie in Ziergärten zu kultivieren. Von dort sei sie eben manchmal auch – entkommen!

Die Allander haben eine andere sagenhafte Erklärung.

Türkische Reiterhorden waren im Jahr 1529 im Wienerwald unterwegs, um Dörfer in Schutt und Asche zu legen, die Bewohner niederzumetzeln und schließlich Wien zu überfallen. Ausgerechnet neben der künftigen A 21 stärkten sie sich mit Haselnüssen aus ihrer Heimat, einem potenten Mittel zur Steigerung der Manneskraft. Die AllanderInnen, die in die Wälder geflüchtet waren, sahen ihre Häuser brennen und kamen angerannt. Wutentbrannt. Mit Sensen, Heugabeln und Dreschflegeln besiegten sie die durch Haselnussgenuss abgelenkten Türken. Dabei wurden wohl einige Nüsse in den Boden getrampelt. Aus einer wuchs die Hasel. Die Allander haben sie, zur Erinnerung an ihren denkwürdigen Sieg, Türkenhasel genannt und in ihrem Wappen verewigt.

Adresse Am Weissenweg 76, 2534 Alland | **Anfahrt** A 21 Ausfahrt Mayerling, B 11 bis Alland nehmen, in Kirchengasse abbiegen, Am Weissenweg folgen | **Tipp** In der Tropf-steinhöhle im Buchberg klettert man durch zwölf Meter hohe Gänge und entdeckt das faszinierende unterirdische Leben (April–Okt. Sa, So, Feiertage 10–17 Uhr, Juli–Aug. auch Mo–Fr 13–17 Uhr, Tel. 0660/6735108).

2 Die Kirche am Hafnerberg
Barocke Lichtspiele mit Tiefgang

Steht die Kirche nicht verkehrt herum? Das Portal sollte – wie bei den meisten katholischen Kirchen – im Westen liegen, der Altar hingegen im Osten, der aufgehenden Sonne zugewandt. Wie kann der junge Wiener Stadtbaumeister Daniel Christoph Dietrich im Jahr 1729 seine katholischen Auftraggeber davon überzeugen, die Marienwallfahrtskirche an der Via Sacra zu westen statt zu osten?

Er verspricht – ein Wunder! Ein Lichtwunder, das sich jeweils zur Wintersonnenwende ereignen soll, schönes Wetter vorausgesetzt. Tatsächlich. Am 25. Dezember, also am Christtag, erreicht es seinen Höhepunkt, morgens zwischen 9 und 10 Uhr. Hinter dem Großen Peilstein geht die Sonne auf und wirft ihre Strahlen durch das große Fenster der Orgel-Empore, zunächst auf die linke Säule des Hauptaltars, den Erzengel Michael, Bezwinger des falschen Lichtbringers Luzifer; wandert langsam ins Zentrum, taucht Maria mit dem Kind in gleißendes Licht, lässt sie und den Tabernakel erstrahlen; zieht weiter zum Altar ihrer Mutter Anna, wo sie das Auge Gottes beleuchtet.

Die tiefe theologische Bedeutung des kunstvoll inszenierten Naturschauspiels erschließt sich ohne Worte. In dieser besonderen Marienkirche steht Maria als Mutter im Mittelpunkt. »Gruß dir, heilige Mutter, die du geboren den König, der herrscht über Himmel und Erde«. Steht über dem Portal mit der Jahreszahl 1745. Im grandiosen Kuppelfresko sendet der Heilige Geist in Gestalt einer Taube einen Lichtstrahl aus. Ein Engel reflektiert ihn mit Hilfe eines Spiegels; der Strahl geht durch Christus hindurch und trifft Maria mitten ins Herz. Der erst 24-jährige Ignaz Mildorfer malt es 1743 – sein Meisterwerk.

Ab 1740 vermerkt der Kirchenverweser Laurentius Petra in seinem Mirakelbuch allerlei wundersame Begebenheiten, die sich hierorts zutragen und erbeten werden. Demnach ist auf dem Hafnerberg wohl jede Art von Wunder möglich, nicht nur zur Weihnachtszeit.

Adresse Hafnerberg 74, 2571 Altenmarkt an der Triesting, Tel. 0664/6216999, www.hafnerberg.at | **Anfahrt** A 21 Ausfahrt Mayerling, B 11 bis Hafnerberg folgen | **Öffnungszeiten** 8–18 Uhr | **Tipp** In der Nähe steht die 500 Jahre alte Dorflinde. Ein beschilderter Wanderweg führt zu mystischen urzeitlichen Heiligtümern und magischen Plätzen. Einen Besuch wert ist die prächtige Basilika Klein Mariazell.

3 Die Ave-Verum-Kirche
Ebenholz und Ochsenknochen

Es ist eine der letzten Kompositionen, die Wolfgang Amadeus Mozart am 18. Juni 1791 in sein »Verzeichnüss aller meiner Werke« schreibt: »Ave verum Corpus – à canto, Alto, tenore, Baßo – 2 Violini, viola, organo e Baßi«. Er ist zu Besuch bei seiner über alles geliebten Constanze, die in Baden zur Kur weilt. Wenn sie getrennt sind, schreiben sie einander täglich. Sie ist hochschwanger, zum achten Mal in sechs Jahren, am 26. Juli wird sie Franz Xaver Wolfgang zur Welt bringen. Wolfgang Amadeus hat von seinem Freimaurerbruder Michael Puchberg eigens ein Darlehen erbeten. Sein Freund Anton Stoll, Regens Chori zu St. Stephan, hat ihr ein schönes, ebenerdiges Zimmer besorgt. Als Dankeschön komponiert er für den Kirchenchor und seinen Leiter zum Fronleichnamsfest am 23. Juni diese kleine Motette. Sie ist eines der schönsten, schlichtesten und ergreifendsten seiner Werke.

Durch Constanzes Kuraufenthalte hat Wolfgang eine ungewöhnlich enge Beziehung zur Stephanskirche. Wie gut er mit Anton Stoll befreundet ist, illustrieren launige Briefe, in welchen er ihn als »Monsieur Anton de Stoll, bestbestellter Herr Schullehrer und Chorregent in Baaden« tituliert. Einige seiner Messen werden hier aufgeführt, manche dirigiert der Komponist sogar selbst – so auch am 10. Juli 1791 die Missa brevis in B-Dur KV 275. Er spielt an diesem Tag wohl auch wieder die Orgel, ein Meisterwerk von Johann Hencke, dem besten Orgelbaumeister des 18. Jahrhunderts (siehe Ort 28). Die Stadt Baden hat sie erst kürzlich vom Chorherrenstift St. Dorothea zu Wien angekauft, das der Josephinischen Reform zum Opfer gefallen ist.

Die Tasten aus Ebenholz und Ochsenknochen, die Wolfgangs Finger nachweislich berührten, hat man nach dem unglücklichen romantischen Umbau der Hencke-Orgel im Jahr 1913 sorgfältig aufbewahrt. Aus Ehrfurcht. So sind sie erhalten geblieben und konnten beim Rückbau 1982 wieder eingebaut werden.

W.A. MOZART
SCHRIEB IM JAHRE 1791
FÜR SEINEN FREUND
ANTON STOLL
REGENSCHORI HIER,
DAS
„AVE VERUM"
AM 15. AUGUST 1911
VOM
KIRCHENMUSIKVEREINE
IN BADEN
ERRICHTET

Adresse Pfarrplatz 7, 2500 Baden, www.baden-st-stephan.at | **Anfahrt** A 2 Ausfahrt Baden, B 210, Haidhofstraße und Waltersdorferstraße bis Pfarrplatz folgen | **Öffnungszeiten** 8–20 Uhr, Tel. 02252/48426 | **Tipp** Am Haus »Zum Blumenstock« (Renngasse 4), in dem Constanze wohnte und Wolfgang in der Dachkammer das Ave verum komponierte, ist eine Gedenktafel angebracht.

4 Das Badener Kaffeebonbon

Zuckerlrosa seit 1873

Verpackt in steifes altrosa Papier, erinnert das Bonbon an ein Spielzeug-Schiffchen, das drauf und dran ist, auf einem Großen Braunen in See zu stechen. Darunter kommt ein appetitliches halbes Würfelchen zum Vorschein, malzbraun glänzend, an vier Seiten abgeschrägt. Wird es am Gaumen kleben bleiben? Nein! Zart prickelnd schmilzt es an demselben und entfaltet so sein würzig-süßes Kaffee-Aroma.

Ob Carl Ullmann's »Echtes Badener Kaffébonbon« nach dem einzigen, dem wahrhaft originalen Original von 1827 hergestellt wird? Ja! Das erzählt jedenfalls die Familienchronik. Frau Elisabeth Ullmann habe das Rezept soeben käuflich erworben, als sie 1873 mit ihrem Mann Carl die Bäckerei im Schlossergässchen/Ecke Pelzgase übernimmt. Und zwar von der Witwe des mutmaßlichen Erfinders Joseph Genthon, der im Jahr 1809 als französischer Soldat in Baden gestrandet war. Die Grundzutaten sind ein Geheimnis – das jeder Badener Konditor kennt. Gekochter Zucker, starker Kaffee, Obers, echte Vanille und ein Schuss Kartoffelsirup. Die spezielle Rezeptur jedoch bleibt ebenso wohlgehütet wie die von Sachertorte, Wiener Schnitzel, Mozartkugel & Co.

Die Café-Konditorei in dem typischen Badener Biedermeierhaus ist immer noch in Familienbesitz und ein wenig aus der Zeit gefallen. Die Gefahren sämtlicher Modernisierungswellen hat Familie Ullmann nämlich bis heute erfreulich umschifft, sowohl was das biedermeierliche Interieur betrifft als auch die Auswahl an Mehlspeisen und handgemachtem Gebäck. Im Sommer sitzt man im Schanigarten im schmalen Schlossergässchen oder auf dem Platz mit Blick auf den Eingang zum Doblhofpark mit seinem berühmten Rosarium.

Zum Kaffee wird eine weitere der zahlreichen örtlichen Berühmtheiten gereicht – das seit dem Biedermeier bekannte Badener Kipferl. Eine anonyme Dichterin preist es einprägsam: »Willst du vom Glück ein kleines Zipferl, genieße Baden und sein Kipferl!«

Adresse Schlossergässchen 16 (Ecke Pelzgasse), 2500 Baden, Tel. 02252/48665 |
Anfahrt A 2 Ausfahrt Baden, B 210, Haidhofstraße und Braitner Straße bis Pelzgasse
folgen | **Öffnungszeiten** täglich außer Mi 8 – 18 Uhr | **Tipp** Der Doblhofpark, einst
zum Schloss Weikersdorf gehörig, lädt zum Flanieren ein. Im Juni und im September
entfaltet das Rosarium seine duftende Pracht, auf 30.000 Rosenstöcken blühen mehr als
800 Rosensorten.

5 — Der Beethovenstein

Das geheime Grab der Mira Behn

An ihrem 15. Geburtstag verliebt sich die 1892 in England geborene Madeleine Slade unsterblich in Ludwig van Beethoven. Ihr Vater hat ihr ein besonderes Klavier geschenkt. Mit Hilfe eines Lochstreifens spielt das Instrument: von selbst! Madeleine hört die Klaviersonate »Der Sturm« und ist hingerissen. Erleuchtet. Als nach dem Ersten Weltkrieg in England alles Deutsche boykottiert wird, sogar der soeben noch wie ein Heiliger verehrte Komponist, organisiert sie Beethoven-Konzerte. Sie wandelt auf Ludwigs Spuren in Wien und im Wienerwald. Obsessiv saugt sie auf, was sie über ihn finden kann. Schließlich stößt sie auf Romain Rollands berühmte Beethoven-Biografie und besucht den Autor 1924 in Villeneuve.

Rolland jedoch beschäftigt sich schon mit einem ganz anderen ganz Großen: Mahatma Gandhi. Der unermüdliche Kämpfer für Freiheit, Gerechtigkeit und Frieden wird nun Madeleines zweites großes Idol. Sie liebt Indien und hat dort gelebt, als ihr Vater, ein Marineoffizier, in Mumbai stationiert war. Nun schreibt sie Gandhi einen Brief. Sie will seine Schülerin werden. Am Ende wird sie viel mehr als das. Gandhi nennt sie Mira Behn, Schwester Mira. Sie lernt Hindu, eignet sich landwirtschaftliche Kenntnisse an. Reist mit Gandhi als Sekretärin und Gefährtin, führt Gespräche mit Politikern wie Winston Churchill. Kämpft an seiner Seite gegen Ausbeutung, Hunger und Armut und landet deshalb mehrmals in indischen Gefängnissen.

Nach Gandhis Ermordung 1948 führt sie ihre humanitären Projekte weiter. 1960 kehrt sie zu ihrer ersten Liebe zurück – zu Beethoven. Bis zu ihrem Tod 1982 lebt sie mit ihrem indischen Diener Rameshwar Datt im Wienerwald, in Baden, Gaaden und am Kracking. Ihr Grab jedoch sucht man vergeblich, denn Freunde haben ihren letzten Wunsch erfüllt: Einen Teil ihrer Asche verstreuten sie beim Beethoven-Stein, Lieblingsplatz des Komponisten im Helenental. Den anderen – im Ganges.

Adresse Helenental 40, Siegenfeld, 2500 Baden | **Anfahrt** A 21 Ausfahrt Heiligenkreuz, B 11, Sattelbach und B 210, gegenüber Gasthaus Cholerakapelle parken; nach der Brücke rechts der Schwechat stromaufwärts folgen | **Tipp** Richtung Baden fährt man durch den Urtelstein (Urteil-Stein). Hier wurden Verbrecher dem Badener Stadtrichter übergeben. Bis 1826 führte die Straße über den Felsen – gefährlich und gefürchtet.

6 Der Gartenpavillon

Komponierhäuschen in A-Dur

Joseph Max Ossoliński, Graf von Tenczyn, polnischer Gelehrter und k. k. Bibliothekar, hat beim Badener Stadtbaumeister Anton Hantel ein Landhaus in Auftrag gegeben. Samt Parklandschaft und Pavillon natürlich, denn gibt es etwas Schöneres als Ausflüge in den eigenen Garten? 1810 ist das Anwesen fertig. Es beherbergt wertvolle Bücher und Schriften und von Zeit zu Zeit prominente Künstler und Gelehrte.

Im Sommer 1816 ist Ludwig van Beethoven zu Gast. Der Komponist (45) trifft am 29. Juli ein und bleibt bis Ende Oktober. Er ist froh über die Einladung. Seine finanzielle Situation ist prekär: Er hat zwei wichtige Mäzene verloren, seine Ertaubung schreitet fort. Im Auftrag des Verlegers George Thomson hat er – wie vormals Joseph Haydn – irische, schottische und walisische Volksliedmelodien für Klaviertrio arrangiert, wahre Meisterwerke ihrer Art. Wobei Beethoven fordert, dass ihm ein höheres Honorar zustünde als Haydn – er habe viel mehr Noten geschrieben! Hier in Baden bearbeitet er fleißig »Lieder verschiedener Völker«, unter anderem polnische Volksweisen aus der Ossolińskischen Bibliothek.

Vor allem aber arbeitet er intensiv an seiner Klaviersonate Nr. 28 op. 101. In A-Dur und vier Sätzen markiert sie einen ganz neuen Abschnitt in seinem Schaffen. Erstmals ergänzt er die üblichen Tempoangaben durch bildhafte Beschreibungen. *1. Etwas lebhaft und mit der innigsten Empfindung.* Am liebsten wandert er zum Komponieren in den neugotischen Pavillon. *2. Lebhaft, marschmäßig.* Am äußersten Ende des Parks kann sein Blick frei Richtung Süden schweifen. *3. Langsam und sehnsuchtsvoll.* Das Tor zur Romantik öffnet sich. *4. Geschwind, doch nicht zu sehr und mit Entschlossenheit.*

Am Landhaus alias Schloss Braiten hat der Zahn der modernen Zeit arg genagt. Der Pavillon hingegen, denkmalgeschützt, trotzt mit Entschlossenheit all den Immobilienhaien, die ihn wohl am liebsten geschwind verschlungen hätten.

Adresse Elisabethstraße 12, 2500 Baden | **Anfahrt** A 2 Ausfahrt Baden, B 210, Braitner Straße bis Elisabethstraße | **Öffnungszeiten** nur von außen | **Tipp** Zur Miete wohnte Beethoven in Baden zum Beispiel im Sauerhof, im Magdalenenhof und im Beethovenhaus (Rathausgasse 10) – heute eine stimmungsvolle, äußerst hörens- und sehenswerte Beethoven-Gedenkstätte (www.beethovenhaus-baden.at).

7_Die Königshöhle
Kultur seit 3000 vor Christus

Die Königshöhle ist eigentlich nur eine halbe Höhle, denn in grauer Vorzeit hat sich aus dem Kalksteingewölbe ein Felsbrocken gelöst. Er liegt mitten im Raum, als stummer Zeuge, und gibt den Blick in den Himmel frei.

Der Biedermeier-Maler Leopold Kupelwieser ist 1818 von dem prähistorischen Anblick total fasziniert und hält ihn mit Bleistift und Kreide fest. Joseph Adalbert Krickel hingegen, Topo- und Geograf, wirkt 1832 enttäuscht. »Nichts als eine zwei Klafter hohe, 27 Schritte breite und 16 Schritte lange Kluft!«, schreibt er in seinem prätouristischen »Wegweiser für Fremde und Einheimische«. Zwergenhöhle möge sie doch heißen, meint er, eines Königs unwürdig. Dieser Meinung war vermutlich auch der ungarische König Bela IV. Er, so die Sage, versteckte sich hier in höchster Not. Auf der Flucht vor den Tataren, die Ungarn überfallen hatten, und vor Friedrich III., der sich nicht nur weigerte, ihm Asyl zu gewähren, sondern ihn auch noch verfolgte! Immerhin wird die Höhle später nach ihm benannt. Indirekt. Schwacher Trost.

Der Hobby-Prähistoriker Gustav Calliano gräbt 1892 endlich tiefer. Unter einer Schicht aus Erde und Geröll stößt er auf lichtgraue Asche; darin eingebettet findet er Geräte aus Stein, Horn und Knochen und einen Ring aus Bronze, der bestätigt, was er vermutet hat: Das Plateau von Rauheneck ist seit 3000 vor Christus besiedelt – seit der frühen Bronzezeit. Calliano legt auch Tongefäße frei, verzierte Krüge mit seltsam hochgezogenen Henkeln. Nach diesen besonderen Funden in der Königshöhle wird man später eine ganze Epoche benennen: die Badener Kultur. Spuren dieser Kultur findet man auch in Ungarn, der Heimat des Königs, dem die Höhle einst als Unterschlupf gedient hat.

Heute ist die Königshöhle ein Magnet für Boulderer; sie klettern die Wände entlang, krallen sich in Löchern fest, die Menschen vor 5.000 Jahren in die felsigen Wände geschlagen haben.

Adresse 2500 Baden | **Anfahrt** A 2 Ausfahrt Baden, B 210, Braitner Straße bis Weilburg-straße 44; Fußweg Richtung Burgruine Rauheneck folgen, an dieser vorbei leicht bergab zur Königshöhle wandern | **Öffnungszeiten** jederzeit zugänglich | **Tipp** Vom markanten dreieckigen Bergfried der Burgruine Rauheneck ist der Blick auf Baden und das Helenental grandios.

8 _ Das Puppenmuseum

Das Leben – ein Kinderspiel

Sie drücken die Schulbank, packen Koffer, verreisen und vergnügen sich am Strand; gehen einkaufen, backen kleine Kuchen, rühren in winzigen Töpfchen, tragen hübsche Kleider und ruhen sich im Wagen aus. Mit Spielgefährten, die ganz anders sind als sie, vertragen sie sich prächtig, ob Katze oder Teddybär. Und ob der Teint so rosig glänzt wie bei Truderl oder Emily oder aber in dunklem Schokobraun wie bei Baboo, spielt keine Rolle. Gleichaltrig? 50 Jahre älter? 100 Jahre jünger? Egal, denn hier ist jeder anders als die anderen.

Im Reich der 1.000 Puppen geht es hell und friedlich zu. Heil natürlich auch. Doch was den Mikrokosmos, den die Badener Sammlerin Helga Weidinger mit ihrer Tochter Barbara geschaffen hat, so anziehend macht, ist nicht nur das Idyllische. Hier tut sich eine Wunderwelt auf, in der kleine Dinge die Phantasie entfesseln. Für eine kurze Weile wird die Sehnsucht nach dem Einzigartigen gestillt, dem Unikat. Jede Puppe, jedes Stofftier lässt eine persönliche Beziehung erahnen, zu einem ganz bestimmten Menschen. Nichts und niemand ist hier austauschbar. Unvorstellbar, dass »Ottilie aus guter Familie«, gleich nachdem das kleine Mädchen sie ausgepackt hat, achtlos in einer Ecke liegen würde, unter einem Berg baugleicher Ottilien. Und dass Werner, der Bär, durch ein x-beliebiges Dutzendtier aus einer Schütte im Möbelhaus ersetzt würde, nur weil er schon ein bisschen alt und zottelig geworden ist.

Die älteste Puppe, aus Papier mit acht Roben zum Ankleiden, stammt aus 1820, die kleinste bewegliche hat im 19. Jahrhundert jemand liebevoll für seine Kinder geschnitzt. Die Puppen und Stofftiere erzählen nicht nur ihre eigenen Lebensgeschichten. Mit ihren Accessoires, Büchern, Spielsachen, Fotos, Kleidern, Frisuren und Wirkungsstätten wie Kaufmannsladen, Schulbank oder Puppenküche vermitteln sie ganz einfach: Kindheits-Geschichte. So nebenbei und ohne Worte.

Adresse Erzherzog-Rainer-Ring 23, 2500 Baden, www.puppenmuseum-baden.at |
Anfahrt A 2 Ausfahrt Baden, B 210, Braitner Straße bis Erzherzog-Rainer-Ring folgen |
Öffnungszeiten Di – Fr 16 – 18 Uhr, Sa, So, Feiertage 14 – 18 Uhr | **Tipp** Im Frauenbad am
Josefsplatz, 1821 nach Plänen von Charles de Moreau erbaut, kann man seit Einstellung des
Badebetriebs 1973 an Werken von Arnulf Rainer vorbei durch wasserlose Thermalbecken
spazieren. Faszinierend!

9 Die Schädelsammlung
Die Lebenden und die Toten

Wer verbirgt sich hinter diesem edlen, durchgeistigten Gesicht? Ein sensibler Dichter etwa? Nein. Es ist jener Mann, der hart und unerbittlich halb Europa unter seine Herrschaft brachte: Napoleon I.

Seine einzige erhaltene Lebendmaske verdanken wir der wissenschaftlichen Neugier des Dr. Joseph Gall (1758 – 1828). Der junge Arzt vertritt die These, die verschiedenen menschlichen Sinne und Eigenschaften, Triebe und Antriebe müssten doch im Gehirn lokalisierbar, bestimmten Regionen zuordenbar sein. Er wird zum ersten Phrenologen und so zum Urvater der modernen Hirnforschung.

Beweise vermutet er im Gehirn selbst, Hinweise sucht er auch äußerlich, in der menschlichen Physiognomie. Systematisch untersucht und sammelt er Schädel, Gesichtsabdrücke, Gips-Büsten, vor allem von Menschen mit nachweislich ausgeprägten Fähigkeiten – oder aber Lastern. Von Feldherren, Künstlern und Gelehrten, Verbrechern, Mördern, Selbstmördern. Er lehrt an der Universität Wien, bis es ihm 1802 vom Kaiser untersagt wird. Wegen: Materialismus! Er geht nach Paris. Seine Schädel überlässt er dem Badener Arzt und Sammler Anton Rollett (1778 – 1842), Betreiber des ersten Museums Österreichs. Dieser sammelt weiter und vermacht all seine Schätze der Stadt Baden, Dr. Galls Sammlung inklusive. Sie umfasst unter anderem 84 Schädel, 31 Gesichtsmasken, 124 Gipsbüsten – und den Abguss von Ferdinand Raimunds Schädeldecke. Anton Rollett hat ihn angefertigt. Als diensthabender Arzt hat er nämlich 1836 den Selbstmord des Dichters in Pottenstein (siehe Ort 67) untersucht.

Die getreuste aller Mozart-Büsten, als einzige zu Mozarts Lebzeiten entstanden, schafft die Illusion einer leibhaftigen Begegnung mit dem Genie. Die Totenmasken der 1914 ermordeten Thronfolger Franz Ferdinand und Sophie bedeuten: Krieg. Napoleons Lebendmaske neben seiner Totenmaske wiederum lässt uns den winzigen Augenblick zwischen Leben und Tod erfassen.

Adresse Weikersdorfer Platz 1, 2500 Baden, www.rollettmuseum.at | **Anfahrt** A 2 Ausfahrt Baden, B 210 folgen | **Öffnungszeiten** täglich außer Di 15 – 18 Uhr | **Tipp** Das Rollettmuseum im ehemaligen Rathaus des bis 1912 selbstständigen Weikersdorf beherbergt eine Fülle weiterer einzigartiger Exponate zur Geschichte der Stadt Baden.

10__Der Weilburgwappenstein
Das verlorene Schloss

Bis heute gilt das Schloss Weilburg als heimliches Wahrzeichen der Stadt, obwohl es seit mehr als 50 Jahren gar nicht mehr existiert.

Am 17. September 1815 heiratet Erzherzog Karl von Österreich (44) Prinzessin Henriette von Nassau-Weilburg (18) – auf Schloss Weilburg an der Lahn. Anders als die üblichen Habsburger-Verbindungen ist es eine Liebesheirat. Wie im Märchen. Henriette soll sich fern der Heimat wohlfühlen. Sie darf ihren protestantischen Glauben behalten und den Christbaum-Brauch nach Österreich mitbringen. Und dann baut Karl ihr noch ein ganz privates Sommerschloss, das genauso heißt wie ihr Heimatschloss. Karl ist reich und nach seinem Sieg über Napoleon in Aspern im Mai 1809 weltberühmt. Der Star-Architekt des Biedermeier, Josef Kornhäusel, wird 1820 mit der Planung beauftragt. Gewaltige Erdmassen werden bewegt, um zwischen Burgen, Felsen und Wald einen ebenen Platz für den weithin sichtbaren Prachtbau zu schaffen. 184 Meter lang, 43 Fensterachsen. Die Attika des Portikus ziert ein Allianzwappen: der Löwe von Nassau mit dem Habsburger Adler. Das Schloss wird kultureller Mittelpunkt und meistgemaltes Sujet des Biedermeier. Sechs glückliche Sommer verbringt das Paar hier mit seinen sechs Kindern. Dann stirbt Henriette (33) an Scharlach.

Bis 1918 wird das Schloss von Nachkommen bewohnt, das Ende der Monarchie verurteilt es zum Verfall: Kein Habsburger darf Österreich betreten. Nach 1938 haust die deutsche Wehrmacht darin samt riesigem Waffen- und Lebensmittellager. Beim Herannahen sowjetischer Truppen am 2. April 1945 wird ein Brand gelegt. Das Schloss Weilburg brennt 14 Tage lang. Was dann noch übrig ist, sprengt 1964 eine Baugesellschaft, auch die völlig unversehrte Kapelle.

Nur der Wappenstein des Bildhauers Josef Klieber wird gerettet und in der Nähe seines einstigen Standorts aufgebaut. Er bewahrt den Weilburg-Mythos wohl in alle Ewigkeit.

Adresse Ecke Weilburgstraße 44, 2500 Baden | **Anfahrt** A 2 Ausfahrt Baden, B 210, Braitner Straße bis Weilburgstraße | **Tipp** Die Straße zum Wappenstein führt durch ein mächtiges Aquädukt der I. Wiener Hochquellenleitung. Die 788 Meter lange Talübersetzung über die Schwechat wurde 1872 in zeittypischer Ziegelbauweise fertiggestellt.

11 Das Flugzeug-Museum
Aviation-Work in Progress

Dieses Museum ist vieles – nur nicht museal. Erwartet den luftfahrt-interessierten Besucher hier doch erstens eine echte Werkstatt mit Flugzeugen zum Anfassen am Rande eines wirklichen Flugplatzes; zweitens eine Sammlung von Fundstücken aus der realen Welt des Fliegens; und drittens die Option auf einen Flug in einer Boeing Stearman aus 1941 oder einer Piper Super Cub aus 1962, gesteuert von einem original AUA-Piloten. All das an einem historisch bedeutsamen Ort.

Franz List und Benno Beran sind nicht nur Berufspiloten, sondern auch begeisterte Flugzeugmechaniker und Liebhaber historischer Fluggeräte. 1996 beschließen sie, das Austrian Aviation Museum (AAM) zu gründen. Ein ehemaliges Gebäude der Brauerei Schwechat ist der perfekte Standort. Vorläufig. Denn die Restaurierung alter Maschinen schreitet fort, die Sammlung wird immer größer. 2013 finden die Betreiber des AAM auf dem Flugplatz Vöslau-Kottingbrunn mit ihren historischen Flug-Artefakten eine neue Heim-, Werk- und Wirkungsstätte. In einem Bunkerhangar aus dem Zweiten Weltkrieg. Er wurde damals als Schusskanal verwendet, zur exakten Justierung von Geschützen an Bord der in Wiener Neustadt gefertigten BF 109.

Die Infrastruktur auf dem Flugplatz ist in jeder Hinsicht perfekt. Und endlich kann der eine oder andere verjüngte Oldtimer wieder in die Luft gehen. Der Flugplatz ist rund um die Uhr geöffnet, und einen der beiden Piloten trifft man fast immer an. Dennoch ist es ratsam, einen Termin zu vereinbaren. Dann bekommt man mit Sicherheit eine spannende Führung und Einführung in die Geheimnisse der Luftfahrt. Auf besondere Anfrage kann man vielleicht sogar zu einem Flug mit einem der startklaren legendären Luftfahrzeuge starten. Wie Julius Raab, der am 11. April 1955 Richtung Moskau abhob und am 15. April glücklich landete – den Staatsvertrag in der Tasche, der Österreich die Freiheit brachte.

Adresse Flugplatz Vöslau-Kottingbrunn, Flugfeldstraße, 2540 Bad Vöslau | **Anfahrt**
A 2 Ausfahrt Bad Vöslau, Wiener Straße und Flugfeldstraße bis zum Flugplatz folgen |
Öffnungszeiten auf Anfrage unter Tel. 0664/3017899, www.austrian-aviation-museum.com |
Tipp Vor dem Flugplatz-Gebäude erinnert ein Gedenkstein an Julius Raabs legendären
Abflug nach Moskau im April 1955.

12 Das Schnecken-Salettl
Tertiäre Prominenz

Welche Spezies kann schon auf einen Stammbaum von 60 Millionen Jahren zurückblicken? Tja, die Thermalwasserschnecken von Bad Vöslau können das. Genauer gesagt: die Kahnschnecke, die Pechschnecke und die Zwergquellschnecke. Wie durch ein Wunder haben sie seit dem Tertiär alle Erdzeitalter überdauert. Seit damals nämlich beträgt die Wassertemperatur des Hansybaches, in dem sie leben, konstante 24 Grad, bei einer Fließgeschwindigkeit von 20 Litern pro Sekunde. Oliver Paget hat die Spezies in den 1970ern entdeckt. Er war Direktor des Wiener Naturhistorischen Museums und leidenschaftlicher Molluskensammler. Nebenbei erforschte er auch seinen eigenen Stammbaum, in dem sich zum Beispiel der Leibarzt von Königin Victoria findet.

Bis in die 1960er Jahre wurden die urzeitlichen Süßwasserbewohner fleißig mit Sodalauge und Terpentinseife gewaschen. Unfreiwillig. Von nichts ahnenden Bad Vöslauer Hausfrauen, die ihre Wäsche allmonatlich am Waschtag zum Ausschwemmen hierherbrachten. Doch auch das haben die Ausnahme-Tierchen schadlos überstanden. 1979 hat man sie sicherheitshalber zum Naturdenkmal erklärt, und jedermann kann sie nun jederzeit bestaunen.

Von Weitem schon sieht man das Salettl, von einer riesigen Wasserschnecke bekrönt. In Wirklichkeit, so stellt man fest, wenn man sich über die Stufen zur ehemaligen Schwemme hinunterbegibt, sind die Schnecken winzig und unscheinbar. Am besten watet man barfuß, ganz vorsichtig durch das klare warme Wasser. Die schwarze Kahnschnecke kann man mit freiem Auge sehen, sie misst samt ihrem Gehäuse sechs Millimeter. Die Pechschnecke, schwarz und spitz getürmt, ist immerhin zwölf Millimeter lang und im Kies, auf flachen Steinen, leicht zu finden. Die Zwergquellenschnecke, einen Millimeter klein, ist fast unsichtbar. Wenn man Sand in die Hand nimmt, entdeckt man sie vielleicht doch, in ihrem auf dem Erdenrund einzigen verbliebenen Lebensraum.

Adresse Bahnstraße 2, 2540 Bad Vöslau | **Anfahrt** A 2 Ausfahrt Kottingbrunn, Wiener Neustädter Straße bis Schlossplatz folgen | **Öffnungszeiten** jederzeit zugänglich | **Tipp** Im wunderschönen Schlosspark sind vier Vasen des berühmten Bildhauers Franz Anton von Zauner zu bewundern, auf denen vier Flüsse der vier anno 1784 bekannten Erdteile symbolisch dargestellt sind.

13 Das Thermalbad
Literatur in reinstem Mineralwasser

Die literarische Tradition im Thermalbad Vöslau reicht in die 1870er zurück. Arthur Schnitzler erinnert sich: »Der erste Ort, an dem wir uns während einiger Ferienwochen aufhielten, war Vöslau, in dessen lauen Quellenbädern ich schwimmen lernte.« Wie der poetische Ort wohl später in die Werke des Fin-de-Siècle-Schriftstellers einfließt? Wo könnte er besser die Natur des Menschen und seiner (Liebes-) Beziehungen studieren als gerade hier! Das Schwimmenlernen ist nur der Anfang. Ein paar Jahre später streift der junge Arthur mit besonderer Begier auf wohlfeilen Liebesjagden umher. Auch wenn das Glück ihm nicht sehr hold ist. Zunächst. Angeblich.

Die alte Badeanstalt des Grafen Moritz Fries aus 1822 ist soeben nach Plänen von Theophil Hansen großzügig ausgebaut worden. Die Ursprungsquelle, aus der seit 15.000 Jahren erfrischendes Heilwasser sprudelt, ist nun in einen modernen Schwimm-Park von 45.000 Quadratmetern eingebettet. Wiesen, Wäldchen, Kabinen und Kabanen in Gelb und Weiß, dazu zwei Schwimmbecken mit reinstem Mineralwasser. Womöglich trifft Arthur in einem heißen Sommer in der Milchbar Peter Altenberg. Oder gar Hugo von Hofmannsthal, der auch gern in Mineralwasser badet. Durchaus denkbar, dass Hugo unter all den Schönen und Reichen erstmals der Gedanke zu seinem »Jedermann« kommt, dem zeitlosen Mysterien-Spiel um die sinnlose Jagd nach schnödem Mammon.

Als gesichert gilt, dass Angelika Hager 2010 schwimmend die wunderbare Idee zum »Schwimmenden Salon« hatte. Beim sommerlichen Literaturfest performen Top-SchauspielerInnen der heimischen Szene auf einer künstlichen Insel österreichische Dichtkunst. Erlauchte Zuschauer, schick angezogen, suchen ihre Inselplätze auf, die Künstler harren ihres Auftritts auf der Mini-Seebühne, die letzten Badenden schwimmen gemächlich ans Ufer, und Spätbadezaungäste breiten auf der Wiese ihre Decken aus, in froher literarischer Erwartung, mit einem Gläschen Wein. Oder Vöslauer.

Adresse Maital 2, 2540 Bad Vöslau, www.thermalbad-vöslau.at | **Anfahrt** A 2 Ausfahrt Bad Vöslau, Grazer Straße und B 212 bis Badplatz folgen | **Öffnungszeiten** Mai–Sept., Literaturfest Juni–Aug. | **Tipp** Am Badplatz verkündete am 15. April 1955 Bundeskanzler Julius Raab, soeben aus Moskau auf dem Flugplatz Bad Vöslau gelandet: »Österreich wird frei!« Daran erinnert seit 1967 der Freiheitsbrunnen von Mathias Hietz (siehe Ort 20).

14 Die Stil-Schulklassen
Bildung macht frei! Eine Stadt zeigt Stilgefühl

Eine ältere Dame tritt aus einem der schmucken Gartenstadt-Häuser. »Grüß Gott«, sagt sie und lächelt. In einem der beiden Schulpaläste neben der Margaretenkirche empfängt der Schulwart seine Besucher, herzlich, höflich und kompetent. Eine junge Dame unterbricht freundlich ihre Arbeit mit dem Wischmopp, um die Türen zu den zwölf Klassenzimmern im Stil von zwölf verschiedenen Epochen unserer Zivilisation zu öffnen. Ägypten betritt man durch die exakt nachgeahmte Scheintür der Grabkammer von Eimisi in Denderah, die maurische Welt durch ein Portal aus vier frei stehenden Marmorsäulen mit farbenprächtig geschmückten Kapitellen – eine Kopie des Goldenen Tores in Cordoba. Die Ausstattung des Lehrraums im Stil Ludwigs XIV. wiederum erinnert an das Grand Trianon im Schlosspark von Versailles.

Arthur Krupp, einer der erfolgreichsten Unternehmer der Monarchie, konzipierte die Lehrräume der Knaben- und Mädchenvolksschule persönlich und finanzierte sie aus eigener Tasche. »Kunst und Kunstgefühl sollen bereits im Kinde geweckt, das Auge an das Schöne gewöhnt, der Geschmack an den reinsten Formen der Kunst aller Zeiten gebildet werden.« Am 1. Februar 1910 wurde seine Vision Wirklichkeit.

Arthur musste das Wiener Akademische Gymnasium nach zwei Jahren wegen schlechter Erfolge verlassen. Auch in einem Internat in Dresden machte er schlechte Erfahrungen, die ihn später dazu motivierten, in *seiner* Stadt gerade der Bildung besonderes Augenmerk zu schenken. Seinem unglaublichen Sinn für soziale Ausgewogenheit und Gemeinwohl begegnet der Besucher auf Schritt und Tritt. Die Uhren gehen anders in dieser Stadt, die vor Krupp nur ein Dorf war.

In den Lehrklassen werden die Berndorfer Kinder bis heute stilvoll unterrichtet. Eines von ihnen kauft sich in Dagmars entzückender Greißlerei, während man dort Kaffee trinkt, eine Wurstsemmel. »Grüß Gott! Könnte ich bitte …? Danke. Auf Wiedersehen!«

Adresse Margaretenplatz 2, 2560 Berndorf, www.kruppstadt-berndorf.at | **Anfahrt** A 2 Ausfahrt Leobersdorf, B 18 bis Kruppstraße folgen | **Öffnungszeiten** Sa, So, Feiertage 11–16.30 Uhr, April–Okt. auch Mo–Fr 15–16.30 Uhr | **Tipp** Das Stadttheater im Rokokostil ließ Krupp 1898 als Unterhaltungs- und Bildungsstätte für 3.000 Arbeiter und ihre Familien bauen. Wissenswertes über Berndorf erfährt man im Stadtmuseum.

15__Der Art Room Würth

Moderne Kunst und Arbeitswelt – eine Verschraubung

Wer würde in einer Schraubenhandlung im Wienerwald schon einen bedeutenden Ort zeitgenössischer Kunst vermuten? Wobei es sich um eine sehr, sehr große Schraubenhandlung handelt – eine Niederlassung der weltweit größten, um genau zu sein. Schon das Gebäude ist ein Kunstwerk, in Silber, Weiß und Rot. 1998 von Ernst Huss entworfen, wirkt sein Äußeres ebenso zeitlos modern wie sein Innenleben. Die rote Raum-Kapsel birgt Konferenzräume, monumentale Glasmosaike von Christian Ludwig Attersee schmücken das über drei Stockwerke reichende Atrium.

Arbeitsalltag möge sich mit Kunst verbinden – das ist die Philosophie von Reinhold Würth. 1954 übernimmt er als 19-Jähriger mit seiner Frau Carmen die väterliche Zwei-Mann-Schraubenhandlung im schwäbischen Künzelsau, nach Pflichtschule und kaufmännischer Lehre. Daraus entwickelt er ein internationales Unternehmen mit 400 Niederlassungen und 80.000 Mitarbeitern.

Schrauben, so Reinhold Würth, sollen verbinden, nicht spalten! Genauso hält er es erfreulicherweise mit der Kunst. Statt Menschen wie üblich in Kenner und Nichtkenner zu separieren, bringt er sie mit Hilfe von Kunst zusammen und macht sie allen zugänglich. Zuallererst jenen, die durch ihre Arbeit sein Kunstsammeln überhaupt ermöglichen – den eigenen Mitarbeitern. So sind alle seine 14 Kunst-Dependancen in Firmengebäude integriert. Kein Wunder also, dass sich unter denen, die an einem lauen Abend im Mai festlich gekleidet zur Vernissage herbeiströmen, so viele der 850 Menschen finden, die hier arbeiten.

Die internationale Würth-Sammlung mit 17.000 Kunstwerken umfasst die größte Sammlung österreichischer Kunst des 20. und 21. Jahrhunderts außerhalb Österreichs: Klassische Moderne, Werke junger, aufstrebender Künstler und Einheimisches wie die Karikaturen des Böheimkirchners Manfred Deix. Der Art Room kann zu Bürozeiten und bei Veranstaltungen von jedermann gratis besichtigt werden.

Adresse Würth Straße 1, 3071 Böheimkirchen, www.wuerth.at | **Anfahrt** A 1 Ausfahrt Böheimkirchen, L 110 bis Würth Straße folgen | **Öffnungszeiten** Mo–Do 7–17 Uhr, Fr 7–12 Uhr, Gratis-Gruppenführungen auf Anfrage | **Tipp** Das Denkmal für 68 Gefallene des Ersten Weltkriegs im historischen Markt (Am Berg 1) wurde 1922 vom Bildhauer Wilhelm Frass in der Tradition einer barocken Bildsäule gestaltet – bemerkenswert.

16__Der schiefe Turm

Pisa lässt grüßen

Als die Westbahn zwischen St. Pölten und Wien noch nicht in einem Tunnel verschwand, konnten Reisende die Kirche von Weitem sehen. Doch erst wenn man unmittelbar davorsteht, mitten auf der Wiese, sieht der Turm wirklich schief aus. Unten viel schiefer als oben! Das liegt daran, dass das Fundament bereits während des Turmbaus einsank. Ganz wie beim noch viel schieferen schiefen Turm von Pisa. Woraufhin man sich bemühte, besonders gerade weiterzubauen. Deshalb neigt der Turm sich in den unteren Geschossen um fünf Grad 19 Minuten, oben nur mehr um drei Grad.

Eigentlich ist der Turm ja ein Zubau, in der späten Gotik im Westen an das etwa 300 Jahre ältere original erhaltene romanische Langhaus angefügt. Über dem Eingangsportal ist ein geheimnisvoller Stein mit sieben kreisförmigen Öffnungen eingemauert. Horizontal aufgestellt haben solche Steine wohl als siebenflammiger Leuchter gedient, mit Öl befüllt und mit Docht versehen.

Rechts neben dem Eingang – eine Vertiefung in der Mauer mit einem rätselhaften Schlitz. Ein Pestfenster? Der Schwarze Tod, durch Flöhe von der Ratte auf den Menschen übertragen, wütete nachweislich in der Gegend. Pestkranke durften zwar die Kirche nicht betreten, die Kommunion aber trotzdem empfangen: Der Priester schob die Hostie auf einem langstieligen Pestlöffel durch die Maueröffnung.

Außen am Turm entdeckt man ein kleines Relief: eine Jakobsmuschel mit gekreuzten Schwertern. Vermutlich hat ein alter Jakobsweg hier vorbeigeführt. Zu Martini am 11. November und zu Johanni am 24. Juni kann jedermann auch das schlichte Innere der dem heiligen Martin geweihten Kirche erleben. Es sei denn, er wäre ein protestantischer Prädikant. Einem solchen nämlich wurde um 1600 der Zutritt verwehrt. Und so predigte der Prädikant auf einem nahe gelegenen Hügel, der nun Predigtstuhl heißt. Die Lanzendorfer Bauern hörten ihm geduldig zu – und blieben katholisch.

Adresse Lanzendorf 145, 3071 Böheimkirchen, www.pfarre.kirche.at/boeheimkirchen |
Anfahrt A 1 Ausfahrt Böheimkirchen, Hainfelder Straße und Untere Hauptstraße nehmen |
Öffnungszeiten bei Gottesdiensten und Andachten | **Tipp** Sehenswert ist Totzenbach
mit dem malerischen, ursprünglich mittelalterlichen und in der Renaissance umgebauten
Schloss samt Wassergraben (von außen zu besichtigen, gelegentlich Veranstaltungen,
Tel. 02743/8696).

17___Die Bisonzucht Kogelhof
Respekteinflößende Zotteltiere

Aus nächster Nähe, in fast freier Wildbahn, wirken die mächtigen Tiere wahrhaft respekteinflößend und irgendwie – aus der Zeit gefallen. Archaische Jagdszenen werden wach, auf die Wand einer Höhle gemalt. Zottelig braun das Fell, ausdrucksstark der Blick aus großen schwarzen Augen, die kurzen Hörner leicht einwärts gebogen, ein steiler Rücken, der über den Vorderbeinen am höchsten ist.

Ihre direkten Verwandten, die urzeitlichen Steppenbisons, sind vor 10.000 Jahren ausgestorben; den vergleichsweise jungen Prärie-Bisons wäre es um ein Haar nicht anders ergangen. Die Profitgier europäischer Einwanderer in Nordamerika hätte sie beinahe ausgerottet. Um 1900 waren von 20 Millionen nur noch 300 übrig. Heute gibt es weltweit etwa 300.000 Bisons.

50 von ihnen sind seit 2013 auf dem Kogelhof heimisch geworden, in einem 17 Hektar großen Gehege mitten im Wienerwald. Widerstandsfähig, wild und eigenwillig leben sie, wie seit Jahrtausenden gewohnt, das ganze Jahr über im Freien und bringen auf der Weide ganz allein ihre Kälber zur Welt. Sie sind menschenscheu, neugierig, gutmütig und friedfertig. Nur wenn sie in Panik geraten, ist Vorsicht geboten. Mit einem Gewicht von bis zu einer Tonne springen sie aus dem Stand locker auf eineinhalb Meter und rennen bis zu 50 Kilometer pro Stunde schnell, wenn es sein muss mehrere Stunden lang.

Für die Familie Egger, Quereinsteiger aus Tirol, sind die Bisons Leidenschaft und Lebensunterhalt zugleich. Man braucht viel Ruhe und sehr viel Geduld. Die Tiere wachsen langsam. Drei bis vier Jahre dauert es, bis man ein Tier erlegen und schlachten kann, in seiner natürlichen Umgebung, so stressfrei wie möglich. Nachhaltigkeit ist garantiert, und verarbeitet wird praktisch alles. Kaufen kann man die wohlschmeckenden, fettarmen, nährstoffreichen Produkte direkt am Hof, zum Beispiel bei stimmungsvollen Festen, zu denen Menschen aus nah und fern zusammenkommen.

Adresse Klamm 1, 3053 Brand-Laaben, www.kogelhof.at | **Anfahrt** A 1 Ausfahrt
Altlengbach, Hauptstraße und Laabner Straße bis L 119 nehmen, links auf Klamm
abbiegen | **Öffnungszeiten** Hofladen Fr, Sa 10–17 Uhr, Führungen nach Vereinbarung |
Tipp Über die Klammhöhe gelangt man nach St. Corona am Fuße des höchsten
Wienerwald-Berges (893 Meter). Das Wasser aus dem uralten heiligen Brunnen soll
Fußleiden heilen.

18 __ Die Hubatsch-Häuser

Secessionistische Gustostückerl

Die eine Straßenseite liegt in Brunn am Gebirge, die andere in Maria Enzersdorf. Allein das ist ein Kuriosum der Franz-Keim-Gasse. Einzigartig macht sie die Reihe der zehn herrlichen Doppelhäuser im Jugendstil, gleißend weiß mit goldglänzenden Dekor-Elementen an den Fassaden. Fortschrittliche Wohnarchitektur, großstädtisch anmutend, mitten im ländlichen Villen-Gebiet.

Sonnenblumen bauschen sich wolkig um Fenster, eine Tür wird zur Blüte, auf einem Balkon rankt sich ein Baum empor, unter einem Abschlussgesims schweben farbenprächtige Engel. Jedes Haus, für zwei Familien geplant, ist individuell gestaltet, alle Häuser zusammen bilden ein harmonisches Ensemble. Gemeinsam ist ihnen die vertikale Gliederung durch vier Fensterachsen. Und die gleiche Größe? Nein. Das leichte Ansteigen der Gasse wird durch Souterrain-Geschosse optisch so raffiniert ausgeglichen, dass sie gleich groß wirken. Spruchbänder verkünden Botschaften des Architekten: »Legt mit Gott den Grundstein, zieht von selbst das Glück ein.« Prophetisch! Die Wohn-Zufriedenheit nämlich ist von Anfang an hoch. Der Architekt und seine Frau, eine gebürtige Maria Enzersdorferin, bewohnen anfangs Nummer 14, zuletzt Nummer 16. Über einem Hauseingang prangt in Gold auf Weiß: Erbaut im Jahre des Herrn 1902, daneben, bescheiden weiß auf weiß: Architekt S. Hubatsch.

Sepp alias Josef Hubatsch wird 1873 in Schäßburg in Siebenbürgen geboren und studiert, ehe er sein eigenes Büro gründet, von 1896 bis 1900 bei Otto Wagner an der Wiener Akademie für Angewandte Kunst. Das Jugendstil-Juwel in Brunn verwirklicht er in Etappen, zwischen 1902 und 1912. So kann man, die Gasse hinunter, die künstlerische Entwicklung des Architekten und Bauherrn ablesen, vom Vegetabilen hin zum Geometrischen. Heute ist Sepp Hubatsch fast vergessen. War er zu Lebzeiten allzu bescheiden? »Wie die Leute leben: so klingen ihnen einst die Glocken.«

LEGT·MIT·GOTT·DE[...]

Adresse Franz-Keim-Gasse 4–22, 2345 Brunn am Gebirge | **Anfahrt** A 21 Ausfahrt Brunn am Gebirge, Liebermannstraße und B 12 folgen | **Öffnungszeiten** nur von außen | **Tipp** Das gotische Brunner Heimathaus (Gliedererhof) beherbergt eine Gedenkstätte für den Anthroposophen Rudolf Steiner, der von 1882 bis 1887 hier lebte.

19 Das Wienerwaldmuseum

Eine Zeit vor unserer Zeit

Anfänger oder Kenner? Das kleine Museum, seit 1999 in einem alten Fuhrwerkerhaus untergebracht, garantiert jedem Wienerwald-Fan Aha-Erlebnisse. An keinem anderen Ort ist die bewegte Geschichte der uralten Kulturlandschaft so kundig, umfassend und verständlich dargestellt. Besonders spannend: Frühgeschichte und Römerzeit.

Jahrtausendelang haben Menschen an denselben markanten Orten ihre Siedlungen errichtet, die längst in der Landschaft verschwunden sind. Experten können sie noch heute erkennen, erahnen Spuren, die im Gelände zurückgeblieben sind: eine Wallanlage auf einer Bergkuppe oder einem Hochplateau. Durch das Zusammenspiel von Modellen, Fotos, Orientierungskarten und originalen Fundstücken entfesselt das Wienerwaldmuseum die Vorstellungskraft. Frühe Geschichte, die normalerweise abstrakt bleibt, wird auch für Laien vorstellbar: eine Mini-Befestigungsanlage aus der Keltenzeit auf dem Tempelberg (siehe Ort 77), die befestigte Höhensiedlung auf dem Kumenberg bei St. Andrä-Wördern aus der frühen Bronzezeit und die größte urzeitliche Wallanlage auf dem 490 Meter hohen Buchberg bei Maria Anzbach aus der Zeit um 1270 vor Christus. Fotos von Ausgrabungen auf der Antonshöhe aus 1930 (siehe Ort 98) machen den neolithischen Steinbruch lebendig. Stellvertretend für die 300 Kult- und Opferhöhlen im Wienerwald hat man eine Höhle konstruiert, begehbar – oder besser: bekriechbar.

Die Zeit der Römer im Wienerwald illustrieren Funde aus der Region, ein nachgebautes Grab und Karten, in denen die Reichs- und Militärstraßen verzeichnet sind. Der echte Kelte entpuppte sich leider als echter Aware – sein Skelett wurde in einen Nebenraum umquartiert. Verblüffende Erkenntnisse gewinnt man schließlich auf einer Reise in eine Zeit vor unserer Zeit, als England sich durch den ansteigenden Meeresspiegel vom Festland trennte und der Wienerwald noch am Badener Meeresstrand lag, menschenleer.

Adresse Hauptstraße 17, 3020 Eichgraben | **Anfahrt** A 1 Ausfahrt Pressbaum, B 44 folgen | **Öffnungszeiten** Mi, Do, So 8–12 Uhr, Sa, So, Feiertage 14–17 Uhr, Infos unter Tel. 02773/46904, www.wienerwaldmuseum.at | **Tipp** Auf dem Areal des 2012 aufgelassenen neogotischen Klosters am Stein (1899) kann man bei Biobauer Max freitags von 16 bis 18 Uhr Produkte ab Hof kaufen (Klosterstraße 5, Maria Anzbach).

20 Der Skulpturenpark

Natur, Stein, Kunst

Auf einem Hügel ragt weithin sichtbar ein Kunstwerk in den Himmel, rundherum grasen Schafe, da und dort wächst ein Busch oder ein niedriger Kirschbaum. Früher, als die Bauern noch ihre Ziegen und Schafe weiden ließen, hieß die Gegend Gaisberg. Allmählich verlor die Landwirtschaft an Bedeutung und der Gaisberg seine Funktion als Hutweide.

Durch die jahrhundertelange Beweidung hat sich eines der letzten Trockenrasengebiete in Mitteleuropa erhalten, ein Paradies für Pflanzen und Tiere. 250 Arten von Blütenpflanzen wachsen auf dem mageren Boden, und viele seltene Tiere finden hier ihren idealen Lebensraum. Womöglich begegnet man auf dem steinigen, unebenen Gelände einem Goldenen Schneckenfalter, einem Kleinen Mausohr oder einem Feuersalamander. Vielleicht hört man den Ruf einer Heidelerche oder das Klopfen des Blutspechts. Dazwischen grasen friedfertige Kleintiere, die das Land vor Verwilderung schützen. Jura, Schwarzkopf und Dorperschafe, allesamt schwarz oder braun. Nur Snowflake, das Leitschaf, ist weiß.

Ganz in der Nähe wird das berühmte Lindabrunner Konglomerat abgebaut. Ein besonders reizvolles Gestein, vor Jahrmillionen aus den Wellen des tropischen Badener Urmeeres und dem Geröll der Urtriesting entstanden, grobkörnig, hell bis rötlich braun, in dem man faszinierende Einschlüsse finden kann: Muscheln, Haifischzähne und Seeigelstachel. Die Verbindung von Steinbruch und Natur brachte den Bildhauer Mathias Hietz in den 1960ern auf den Gedanken, ein Symposion abzuhalten. Fortan kamen Künstler zusammen und schufen aus dem besonderen Stein Skulpturen. Manche fügen sich in das Gelände der Trockenwiese ein, wie die Steinarena; andere wachsen aus ihm heraus, wie die Skulptur auf dem Hügel, die man, während man sich ihr nähert, erst allmählich als Tor erkennt. Das »Tor der Erkenntnis«, ein Gemeinschaftswerk aus 1988, spiegelt das Wesen des Ortes: Harmonie von Kunst und Natur.

Adresse Hernsteinerstraße, 2551 Enzesfeld-Lindabrunn, www.symposion-lindabrunn.at | **Anfahrt** A 1 Ausfahrt Leobersdorf, B 18, Hirtenbergerstraße und Wiener Neustädter Straße nehmen, Hernsteinerstraße bis zum Parkplatz am Ortsende folgen | **Öffnungs- zeiten** jederzeit zugänglich | **Tipp** Aussteck-Zeiten schöner Heuriger findet man auf www.enzesfeld-lindabrunn.at.

21 Das Sanatorium Wienerwald

Vom Zauberberg zum Lost Place

Zwischen 100-jährigen Bäumen taucht auf einer Anhöhe ein Gebäude auf, mehrstöckig, wienerwaldvillengelb. Neugierig nähert man sich, von Schildern gewarnt. Privat! Zutritt verboten! Soll heißen: Niemand haftet hier für irgendwas. Endlich steht man vor dem Eingangsportal, blickt die Fassade empor. Schon von außen erahnt man die Verwüstung. Die Erkundung des Inneren macht fassungslos.

Zuletzt war es ein Hotel, mit Rezeption, Speisesaal und Hallenbad. Seit 2002 ist es blinder Zerstörungswut ausgesetzt. Eingetretene Türen führen auf sechs Etagen in devastierte Komfort-Zimmer mit Balkon. Da und dort hängt eine Deckenleuchte, steht ein Stuhl, weht ein Vorhang. Gespenstisch. Progressive Anti-Rechts-Sprüche zieren durchlöcherte Wände. Die Gänge sind übersät mit Tausenden Scherben von eingeschlagenen Scheiben in Fenstern, Türen, Liftschächten. Man steigt über Heizkörper, Waschtische, zertrümmerte Möbel.

Nur das originale Treppenhaus ist Zeuge der glanzvollen Zeit der Lungenheilanstalt, 1903 im Chaletstil mit Fachwerk und Türmchen erbaut, als wäre sie Thomas Manns »Zauberberg« entsprungen. Bis in die 1930er kurten im exquisiten »Sanatorium Wienerwald« von Dr. Arthur Baer und Dr. Hugo Kraus vor allem Prominente. Nicht alle waren reich und nicht alle so todkrank wie Franz Kafka, der Anfang April 1924 seine Kehlkopftuberkulose behandeln ließ (siehe Ort 40). Glücklich war er hier nicht. Die Stille erdrückte ihn.

1938 enteignete man die beiden jüdischen Ärzte. Der eine floh, der andere beging Selbstmord. Das Gebäude wurde reichsarchitektonisch in ein Heim für ledige Mütter des berüchtigten Lebensborn umgebaut. In den 1950ern mutierte es zu einem Arbeitererholungsheim, in den 1980ern zum »Kurhotel Feichtenbach«. So heißt auch die VOR-Haltestelle, einmal am Tag fährt ein Bus. Aus dem Gras ragen Minigolf-Ruinen, daneben verfällt pittoresk eine Kegelbahn.

Adresse Feichtenbach 39, 2763 Feichtenbach | **Anfahrt** B 21 bis Pernitz, beim Bahnhof Ortmann auf Feichtenbach abbiegen und links halten | **Tipp** Die Ferdinand-Raimund-Villa in Pernitz aus 1808 (Blättertalstraße 10, Privatbesitz) befand sich von 1834 bis 1836 im Besitz des Dichters (siehe Ort 67).

22 Das Türkenloch

Sagenhaft schaurige Geschichte

Wir schreiben das Jahr 1683. Der zweite Türkensturm versetzt die Bewohner des Wienerwalds in Todesangst. Horden mordender Türken ziehen durch die Täler, nähern sich bedrohlich dem Haussstein in Muggendorf. Ein Bauer flieht. Mit Familie und Gesinde kämpft er sich durch die Wildnis, in Todesangst. Da! Eine tiefe Höhle, im Dickicht verborgen. Alle steigen hinab. Steinbrocken werden vor den Eingang geschleppt. Kein Feind weit und breit, man wiegt sich in Sicherheit. Es ist stockfinster und kalt, alle plagt der Hunger. Jemand macht Feuer. Der Rauch verrät das Versteck. Eine Türkenhorde verschafft sich Zutritt zur Höhle, säbelt alle nieder. Jahrhunderte später findet man Knochen und Scherben, Spuren von Rauch sind bis heute sichtbar.

Das Türkenloch ist der Höhepunkt der Wanderung durch die Steinwandklamm, Ende des 19. Jahrhunderts mit Stegen und Leitern erschlossen. Sie ist eine der landschaftlich schönsten, spektakulärsten und wildesten Karst-Klammen Österreichs und doch fast ein Geheimtipp geblieben. Der Weg zum sagenumwobenen Türkenloch ist märchenhaft. Aus bemoosten Steinen wächst giftgrüner Farn und Klee; in höhlenartigen Vertiefungen hausen Elfen und Trolle; Wasser sprüht, rinnt, plätschert und stürzt über Felsen und totes Geäst, durch Schluchten, mit Laub bunt getupft, während man allmählich aus der Dunkelheit in lichte Höhen emporsteigt.

Wer trittsicher ist, mutig und schwindelfrei, zweigt, statt den normalen Weg zu nehmen, auf den Rudolf-Decker-Steig ab; klettert senkrechte Eisenleitern empor und kriecht durch Felsen. Am Ende kommt auf jeden Fall das Türkenloch – eine Durchgangshöhle. Blind vom Tageslicht steigt man die steile Stiege hinab, hält sich an der Führungskette fest, in vollkommener Dunkelheit. Unheimlich. Beängstigend fast. Kein Wunder, dass die Zufluchtsuchenden einst ein Feuer entzündet haben. Sich vorsichtig vorwärtstastend, findet man zurück ins Licht.

Adresse Steinwandgraben 8, 2564 Furth an der Triesting, www.steinwandklamm.at | **Anfahrt** A 21 Ausfahrt Mayerling, B 11 folgen, Further Straße, Maierhof und L 4035 bis Steinwandgraben nehmen | **Öffnungszeiten** 8–18 Uhr | **Tipp** Die Jausenstation Reischer ist eine ebenso köstliche wie preiswerte Labstelle (Mi–So 9–23 Uhr, Tel. 02674/88251).

23 Der Ölberg

Schlaf der Gerechten

Die Darstellung jener Nacht, die Jesus vor dem fatalen Verrat durch Judas mit drei seiner Jünger auf dem Ölberg im Garten Gethsemane verbringt, ist ein sehr beliebtes Kunstmotiv. Doch die Art, wie der barocke Bildhauer Giovanni Giuliani die Geschehnisse deutet, sucht weltweit ihresgleichen.

Der Künstler inszeniert sein Werk nahe der Kirche, auf einem Hügel, der so zu einem heiligen Berg wird; er bezieht die Landschaft mit ein und schafft ein Gesamtkunstwerk, dessen Ausdruck körperlich spürbar wird: Mühsal, Furcht, Einsamkeit. Stufen sind zu überwinden. Oben kniet Jesus, lebensgroß; den Oberkörper gebeugt, den Kopf zur Seite geneigt, die Hände bittend ineinandergelegt, den Mund wie zum Flehen geöffnet. *Vater, wenn du willst, nimm diesen Kelch von mir!* Ein Engel antwortet ihm, in einiger Entfernung, überhöht auf einem künstlichen Felsen; beugt sich zu ihm, hält einen Kelch fest. Was mag darin sein? Trost? Oder das unausweichliche Leiden? *Aber nicht mein, sondern dein Wille soll geschehen.* Die Szene auf dem Hügel drückt Einsamkeit aus. Die Jünger sind zurückgeblieben, auf halber Höhe, außer Sichtweite. Nach seinem Gebet wird Jesus sie schlafend vorfinden, vom Kummer erschöpft. *Wie könnt ihr schlafen?* Jakobus mit dem Schwert scheint selbst im Schlaf zum Handeln bereit. Petrus schläft halb aufgerichtet, als könnte er jederzeit aufspringen. Nur sein Lieblingsjünger Johannes, in der Mitte ausgestreckt, schläft tief und entspannt mit offenem Mund. Wenn es ganz still ist, an der Via Sacra, die nach Heiligenkreuz und Mariazell führt, vermeint man ihn schnarchen zu hören.

Das Göttliche setzt Giuliani auf dem Hauptaltar der Pfarrkirche in Szene: Jesu Verklärung auf dem Berg Tabor. In dieser Ölbergszene jedoch, 1699 vom Stift Heiligenkreuz in Auftrag gegeben, drückt der Künstler das Menschliche aus: Jesus hofft auf den Beistand seiner Freunde – und bis zuletzt auf ein gutes Ende.

Adresse 2531 Gaaden | **Anfahrt** A 21 Ausfahrt Heiligenkreuz, B 11 bis Gaaden folgen, bei der Kirche parken; B 11 folgen, nach Abzweigung Ölberggasse rechts den Hügel hinaufgehen | **Tipp** Im ehemaligen Gasthof zum Goldenen Kreuz (Gedenktafel) schrieb Ferdinand Raimund 1833 seinen »Verschwender« und aß oft seine Lieblingsspeise: Gaadner Schmarrn (siehe Ort 67).

24   Das Theater 82er Haus
Happy End für eine Kegelbahn

Was muss ein Gasthof zu Beginn des 20. Jahrhunderts unbedingt haben? Einen großen Tanzsaal mit Bühne und eine Kegelbahn. Vor allem an einem so bedeutenden Ort wie der Endstation der ersten Omnibuslinie Österreichs. Diese geht am 16. Juni 1900 in Betrieb, als Service für die rasant wachsende Zahl der Sommerfrischler aus Wien, zwischen der Bahnstation Purkersdorf und der Restauration Stadlmaier in Gablitz.

Die Bühne des Stadlmaierschen Tanzsaals entwickelt sich zu einem beliebten Auftrittsort für Vertreter der aufblühenden Kunstrichtung »Cabarett«. Kein Geringerer als Fritz Grünbaum (32) spielt hier im August 1912 sein brandneues Programm. Es kommt direkt aus der »Hölle«, dem Cabarett-Hotspot im Souterrain des Theaters an der Wien, und der Gablitzer Feuerwehr zugute. Mit von der Partie: Fritz' erste Frau Carli Nagelmüller (28).

Nach dem Zweiten Weltkrieg ist die Kunst der Unterhaltung in Gasthaus-Sälen endgültig passé, ebenso wie die Lust am Kegeln. Das Bedürfnis nach Unterhaltung und Flucht aus dem Nachkriegs-Alltag hingegen ist groß. Folgerichtig mutiert die verwaiste Stadelmaiersche Kegelbahn 1948 zu einem modernen Tonkino. Das Kino mit seinen 130 Sitzplätzen ist äußerst beliebt und gut besucht, bis das Fernsehen in die Gablitzer Wohnzimmer Einzug hält. 1968 läuft die letzte Austria Wochenschau, der letzte Film wird abgespult. The End? Nicht ganz. Fortsetzung folgt …

Die zum Tonkino mutierte Kegelbahn erfindet sich neu. 1994 öffnet hier das »Theater 82er Haus« – dem Gablitzer Kulturkreis sei Dank. Es bietet eine wunderbare, höchst erfolgreiche Mischung aus Theater, Kindertheater, Kabarett und Musical, Gastspielen und Eigenproduktionen mit bekannten Namen und ortsansässigen Stars. Einladend, charmant und unwiderstehlich unterhaltsam folgt man Fritz Grünbaums Lebensmotto: »Lieben und Lachen, das sind die einzigen Sachen, die keinem schaden und jedem Freude machen.«

Adresse Linzerstraße 82, 3003 Gablitz | **Anfahrt** B 1 bis Gablitz folgen | Öffnungszeiten bei Vorstellungen, Infos unter Tel. 0664/243 64 65, www.theater82erhaus.at | **Tipp** Der Sprachphilosoph Ferdinand Ebner wohnte in der Hauptstraße 17, Linzerstraße 68 und Hauptstraße 29; das Grab des »Bedenkers der Worte« findet man auf dem Ortsfriedhof.

25 Die Gölsen-Brücke

Von nirgendwoher nach nirgendwohin

Ehe die Gölsen (»die Glucksende«) bei Traisen in die Traisen mündet (»die Schnelllaufende«), wird sie auf nur 15 Kilometer Länge von 21 Brücken und Stegen überspannt. Allein im Stadtgebiet von Hainfeld, wo der Fliedersbach und der Gerstbach zu ihr zusammenfließen, sind es ganze elf. Fragt man also einen Einheimischen nach *der* Gölsen-Brücke, erntet man verständnislose Blicke. Auch der Hinweis, diese stehe unter Denkmalschutz, bringt keine eindeutige Antwort. Hat man sie einmal gefunden, fragt man sich, wie man so lange danach suchen konnte. Sie ist die Nummer elf und ein paar Kilometer außerhalb der Stadt gelegen. Es handelt sich um ein besonders schönes und gut erhaltenes Beispiel eines Wasserzweckbaus. Sie ist Teil einer kleinen Wehranlage, die man in den 1920er Jahren errichtet hat, als eine von vielen, die den Flusslauf regulieren und die Gegend vor Hochwasser schützen sollen.

Die Eisenbetonbrücke wird von einem Fachwerkbogen getragen, nicht rund, sondern mehrfach geknickt, wie es dieser, von Franz Visintini patentierten Bauweise eigen ist. Betritt man die Brücke, wird man von drei Paar Brückenpfeilern flankiert, als würde man durch ein Tor schreiten. Der Weg ist schmal und nicht asphaltiert und führt geradewegs nirgendwohin, ins freie Feld. Da und dort ragen Büschel von Gras hervor. Kein Fahrzeug stört den Betrachter, der von der Brücke den sanft regulierten Lauf der Gölsen betrachten kann, mit ihren Uferböschungen und Schotterbänken; immer wieder staut sich das Wasser, ehe es fotogen über eine Stufe fällt.

Ringsum dehnen sich Wiesen aus, die an Abhänge bewaldeter Hügel stoßen. Flussaufwärts kann man den Gerichtsberg erkennen, einen Pass, der seit alters her eine wichtige und heiß umkämpfte Verbindung von Ost nach West darstellt. Jenseits des Passes beginnt das Tal der Triesting, deren Name ebenso Laute malt wie die Gölsen. Diese gluckst, während jene: lärmt und tost.

Adresse bei Uferweg 10, 3170 Hainfeld | **Anfahrt** A 21 Ausfahrt Mayerling, B 11 und B 18 bis Hainfeld folgen, Richtung St. Veit weiterfahren, nach etwa vier Kilometern rechts in den Uferweg abbiegen | **Tipp** An Hainfelds Vergangenheit als Sommerfrischeort zur Jahrhundertwende erinnert der Schauerspitz mit Schillerdenkmal und Kaiserstiege am Zusammenfluss von Fliedersbach und Ramsauer Bach.

26 __ Das Parteitag-Zimmer
Ein Ort schreibt politische Geschichte

Dr. Victor Adler (36), Armenarzt aus reichem Haus, veröffentlicht im Dezember 1888 in seiner Zeitung »Gleichheit« seine aufsehenerregende, undercover recherchierte Reportage über das Elend der Wienerberger Ziegelarbeiter. Seine Ehefrau, die Journalistin Emma Adler, steht ihm zur Seite. Victor avanciert zum Helden der rebellierenden Wiener Arbeiterschaft. Auf seine Initiative sollen sich die feindlichen Fraktionen – die radikalen und gemäßigten – endlich versöhnen und bei einem Einigungsparteitag zu einer einzigen Partei verschmelzen. Doch in Wien herrscht Ausnahmezustand und Versammlungsverbot. Das Vorhaben droht an einem geeigneten Ort zu scheitern. Die mühsame Suche beginnt – und endet in einer kleinen Gemeinde am Rande des Wienerwalds, 60 Kilometer von Wien entfernt. Der Zehetner-Wirt in Hainfeld erklärt sich bereit, die Delegierten aufzunehmen.

So versammeln sich am Sonntag, den 30. Dezember 1888 immerhin 73 der 110 geladenen Delegierten aus Wien und aus den Kronländern. Als sie am Dienstag, den 1. Jänner 1889 auseinandergehen, ist die Sozialdemokratische Arbeiterpartei Österreichs (SDAP) gegründet und die Prinzipien-Erklärung verabschiedet. Darin heißt es unter anderem: »Die sozialdemokratische Arbeiterpartei in Österreich erstrebt für das gesamte Volk ohne Unterschied der Nation, der Rasse und des Geschlechtes die Beseitigung der ökonomischen Abhängigkeit, die Befreiung der politischen Rechtlosigkeit und die Erhebung aus der geistigen Verkümmerung.«

Als Erstes nimmt die frisch geeinte Partei den Kampf um die Arbeitszeitverkürzung auf. Zum Symbol wird der 1. Mai – er wird 1890 als Feiertag der Arbeiterschaft erstmals begangen.

Das Gasthaus Zehetner steht längst nicht mehr, am neuen Gebäude ist eine Gedenktafel angebracht. Im Hainfeldmuseum jedoch wird die Geschichte in einem eigenen Raum auf lebendige Weise nachgezeichnet und mit Originalexponaten illustriert.

Adresse Wiener Straße 16, 3170 Hainfeld | **Anfahrt** A 21 Ausfahrt Mayerling, B 11 und B 18 bis Hainfeld folgen | **Öffnungszeiten** Sa 13–17 Uhr und auf Anfrage unter Tel. 0676/842246288 | **Tipp** Im selben Gebäude und zu denselben Zeiten zugänglich ist das einzige Bierkrugmuseum Österreichs. Das dazu passende Hainfelder Bier wird seit 1757 im historischen Brauhaus gebraut.

27 Der Pecherlehrpfad

Das rote Gold des Wienerwalds

In einem Waldstück zwischen dem Tal der Triesting und der Piesting duftet es ganz besonders intensiv. Der Geruch von frischen Nadeln hoch oben in den Schwarzföhren mischt sich in das herbe Aroma von Rinde und trockenen Nadeln, die auf dem weichen Waldboden leise knistern, wenn man darüberschreitet, und ein Hauch von frisch geschnittenem Holz liegt in der Luft. Betrachtet man die Baumstämme genau, so entdeckt man mondförmige Einkerbungen, etliche übereinander, bis in eine Höhe von sieben Metern. An diesen Monden erkennt man, dass hier vor gar nicht allzu langer Zeit noch Baumharz gewonnen wurde, auch Pech genannt. Entlang eines Pfades, schön und informativ angelegt, kann man gemächlich wandernd erleben, wie der Pecher das wertvolle Material gewinnt. Eigentlich ist es ein Selbstheilungsmittel des Baumes: goldgelber Wundbalsam, mit dem er seine Verletzungen schließt und heilt.

Die Arbeit des Pechers ist schwer und mühevoll, braucht viel Erfahrung und Geschick. Bis zu 2.000 Bäume kann er bearbeiten und von jedem etwa fünf Kilogramm Harz ernten, durchgängig von April bis Oktober. Am reinsten und wertvollsten aber sind Maipech und Oktoberharz. Ins ideale Alter kommt der Baum zwischen 90 und 120 Jahren. Harz kann von allen Nadelbäumen gewonnen werden, die österreichische Schwarzföhre jedoch ist der harzreichste Baum überhaupt und liefert das beste Pech der Welt.

Früher war die Pecherei eine wichtige zusätzliche Einnahmequelle in der Wienerwaldwirtschaft. Heute gibt es nur mehr vereinzelt Betriebe, die Harz gewinnen, als Grundstoff für Naturkosmetik, Naturfarben und Natur-Kolophonium für Saiteninstrumente. Damit das alte Handwerk nicht ganz in Vergessenheit gerät, ist es 2011 in das Verzeichnis der imaginären Kulturgüter der UNESCO aufgenommen werden. Wer weiß, vielleicht erlebt das Pech, wo doch alle zurück zur Natur wollen, demnächst eine Renaissance?

Das wäre ein großes Glück!

Adresse Piestinger Straße, 2560 Hernstein | **Anfahrt** A 2 Abfahrt Leobersdorf, B 18 und L 4020 folgen, in Hernstein rechts auf L 4020 abbiegen, bis zum Parkplatz bei der Abzweigung Hartstraße fahren | **Tipp** Der Pfad führt an einem modernen Kunstwerk vorbei, der Vinzenz-Kapelle. Auf dem Blaselkogel in Alkersdorf ist das »Alte Grab« zu entdecken – ein urzeitlicher Ort des Durchkriech-Kults, etwa so alt wie Stonehenge.

28 Die Hencke-Orgel

Klangdenkmal der Extraklasse

Als die prächtige barocke Kirche des Stifts Herzogenburg 1890 restauriert wird, wälzt man eifrig Pläne: Die unmoderne Orgel soll nach der neuesten Klangmode umgebaut werden, auf jeden Fall pneumatisiert. Allein, es fehlt das Geld. Gott sei Dank! So präsentiert sich das einzigartige Instrument heute noch so, wie es am 18. Dezember 1752 beim Gottesdienst erstmals feierlich erklungen sein mag. Mit drei Manualen, 40 Registern und mehr als 2.000 Orgelpfeifen ist die Orgel zu ihrer Zeit die größte und schönste in der gesamten Monarchie und zweifellos das Opus summum des genialen Orgelbaumeisters Johann Hencke. Den Sohn eines westfälischen Bildhauers hat es auf der Wanderschaft nach Wien verschlagen, wo er den Bürgereid geleistet und eine eigene Werkstatt gegründet hat.

Der Bau einer Orgel ist die Königsdisziplin des Musikinstrumentenbaus. Ein sehr komplexes Unterfangen, denn nur die Königin der Instrumente ist integraler Bestandteil der Raum-Architektur – und diese bestimmt wiederum den Klang des Instruments. Zugleich ist die Orgel auch optisch ein beherrschendes Element des Kirchenraums. Kein Wunder, dass Orgelbauer, Kirchenbaumeister, Bildhauer und Vergolder sich regelmäßig am Bauplatz treffen. Nur das Zusammenspiel von allen zusammen lässt das Gesamtkunstwerk gelingen.

Selten verschmelzen bildende und klingende Kunst so vollendet und so harmonisch wie in der Stiftskirche Herzogenburg. Der Orgelraum im Westen bildet das optische Gegengewicht zum Altarraum im Osten. Die Orgel jedoch übertrumpft den Altar an Pracht, mit ihrem Prospekt in hellem Grün und Gold. Vom fehlenden zentralen Westfenster lenkt geschickt König David ab, der in einer Nische seine Leier zupft, in perfekter Illusionsmalerei. Die Orgel wird zu allen Gottesdiensten vom Stiftsorganisten gespielt. Bei Pontifikalämtern zu hohen Feiertagen brausen besonders festliche Klänge durch das Kirchenschiff.

Adresse Prandtauerring 2, 3130 Herzogenburg, www.stift-herzogenburg.at | **Anfahrt** A 1 Ausfahrt St. Pölten Ost, S 33 bis Herzogenburg/Wiener Straße folgen, Auring bis Prandtauerring nehmen | **Öffnungszeiten** 8 – 17.30 Uhr; April – Okt. täglich 11, 14 und 15.30 Uhr Führungen durch das prächtige Stift mit Bibliothek und Chorkapelle | **Tipp** Sehenswert ist auch die Herzogenburger Altstadt.

29 Der alte Hohlweg

Aus dem Nebel der Vergangenheit

Geht man den Hinterbrühler Kröpfelsteig bergauf Richtung Weißenbach, steht plötzlich die Zeit still. Aus dem Nebel der Vergangenheit taucht eines der ganz seltenen am Ort selbst erhaltenen Zeugnisse jahrtausendealter Menschheitsgeschichte auf. Ein schmaler Streifen in der Mitte des Weges, mit runden Steinen gepflastert.

Sämtliche Hügel zwischen Mödling und Hinterbrühl waren vom 9. bis ins 8. vorchristliche Jahrhundert von Kelten besiedelt, daran besteht kein Zweifel. Keramik, Kultgegenstände, Werkzeuge, Knochen und Hüttenlehm bezeugen dörfliches Leben in der Hallstatt- und Latène-Kultur. Doch die Fundstücke werden fern von ihren Fundorten in Museen aufbewahrt; die Ausgrabungsstätten – dokumentiert, fotografiert – werden zugeschüttet. Der Laie kann die Spuren frühzeitlicher Siedlungen höchstens erahnen, und selbst das nur unter kundiger Anleitung. In einer ungewöhnlichen Landschaftsform, einem Graben, Wall, Plateau oder Hügel eine Siedlung zu erkennen bleibt Frühgeschichte-Experten vorbehalten.

Die Kelten sind um das Jahr null von den Römern unterworfen worden. Alle Kelten? Als comic-geschichtlich Gebildete wissen wir: Es gibt Ausnahmen. Im fernen Gallien hat bekanntlich ein unbeugsames Dorf erbittert Widerstand geleistet, angeführt von Asterix und Obelix. Vielleicht gab es auch im Wienerwald tapfere Kelten alias Gallier, die ihr Dorf auf dem Schwarzkogel ebenso hartnäckig verteidigten? Und womöglich trug ein niederösterreichischer Miraculix seinen Zaubertrank auf dem alten Hohlweg von einer Kultstätte zur nächsten.

Wir verdanken es jedenfalls der Hartnäckigkeit eines neuzeitlichen Priesters, dass dieses magische Wegstück erhalten geblieben ist. Der Hinterbrühler Pfarrer Franz Jantsch (1909 – 2006), als Kultplatz-Forscher weithin bekannt, überzeugte die Lokalpolitiker, den kultischen Keltenweg behutsam freizulegen und zum Naturdenkmal zu erklären. Beinahe ein Mirakel.

Adresse Kröpfelsteigstraße/Franz-Schubert-Straße, 2371 Hinterbrühl | **Anfahrt** A 21 Ausfahrt Gießhübl, Hauptstraße bis Kröpfelsteigstraße / Franz-Schubert-Straße folgen | **Tipp** In der Nähe befinden sich die touristischen Highlights der Umgebung: die Seegrotte Hinterbrühl (2,2 Kilometer), die romantische Burg Liechtenstein (3,2 Kilometer) und der Naturpark Sparbach (5 Kilometer).

30___Der Adolfshof

Quo vadis, Henryk? Weltliteratur im Weltkurort

Lange bevor Pfarrer Kneipp die Kraft des kalten Wassers entdeckt, eröffnet Dr. Johann Emmel 1835 in Kaltenleutgeben die erste Kaltwasserheilanstalt, 1865 gründet Professor Wilhelm Winternitz die zweite. Der Ort nennt sich nun: Weltkurort! Tatsächlich kuren hier Kaltwasserfanatiker aus aller Welt. Zum Beispiel der polnische Schriftsteller Henryk Sienkiewicz. Er scheint geradezu süchtig nach kaltem Wasser zu sein. Von 1885 bis 1896 weilt er hier elf Mal zur Kur und wohnt meist im Adolfshof. Zwischen den ärztlich verordneten Wasseranwendungen schreibt er an Werken der Weltliteratur.

Welche Beschwerden Henryk wohl plagen? Rheuma, Gicht, Skrofeln, Verdauungsbeschwerden? Hysterie? Hypochondrie? Geschwülste oder Hautkrankheiten? Darüber schweigt die Kurchronik. Vermutlich sucht er im reizenden südlichen »Wiener Wald« mit seinem milden Klima und dem Balsam der reinen Luft, die über die üppig grünen Berghänge dahinweht, vor allem: Inspiration. Zum Beispiel für »Quo vadis«. Gleich in der ersten Szene des weltberühmten Romans nämlich treffen wir den Helden Vicinius ausgerechnet in einem Bad! Wenn auch nicht im kalten Kaltenleutgebener, sondern im römischen Tepidarium seines Onkels Petrinius. Etwas später freilich kühlen die beiden sich im Frigidarium ab. Vicinius erzählt von seiner großen Liebe zu Lygia. Leider ist sie Christin, und Christen werden von Kaiser Nero bekanntlich gnadenlos verfolgt und niedergemetzelt. Ob die Liebe die unüberbrückbaren kulturellen und religiösen Unterschiede besiegen wird?

1905 bekommt Henryk den Literaturnobelpreis, nicht zuletzt für diesen grandios zeitlosen historischen Roman. Auch die Verfilmung 1951 mit Peter Ustinov als Nero wird ein Welterfolg.

Kaltenleutgeben hat seinen Rang als Weltkurort längst verloren. Auf einem Spaziergang jedoch entdeckt man noch so einige Gebäude aus seiner Blütezeit – der Ort hat viel von seinem Charme bewahrt.

HENRYK
SIENKIEWICZ
1846-1916
POLNISCHER SCHRIFTSTELLER
AUTOR DES WELTBERÜHMTEN
ROMANS «QUO VADIS»
UND LITERATUR-NOBELPREISTRÄGER
VON 1905 WEILTE IN DEN JAHREN
1885-1896 MEHRMALS ZUR KUR
IN KALTENLEUTGEBEN
UND SCHRIEB HIER AN VIELEN

Adresse Pfarrgasse 3, 2391 Kaltenleutgeben | **Anfahrt** A 21 Ausfahrt Brunn am Gebirge, Mühlgasse bis Perchtoldsdorf, B 13 und Kaltenleutgebener Straße folgen | **Tipp** In der Villa Paulhof (Karlgasse 3) verbrachte Mark Twain, Schöpfer von Tom Sawyer, mit Gattin und den drei Töchtern den Sommer 1898. Auf der Norwegerwiese erinnert eine Skilift-Ruine an die Glanzzeit Kaltenleutgebens als Wintersportgebiet.

31 Der Landesmittelpunkt

Der Nabel von Niederösterreich

Am östlichen Rand des Wienerwalds, exakt 5.348.138 Meter nördlich des Äquators, liegt in 227 Meter Seehöhe Niederösterreichs geografischer Mittelpunkt. 1993 hat man ihn ermittelt und drei Jahre später gewissermaßen auf ein Podest gestellt, und dieses – etwas vermessen! – als Warte bezeichnet. Die Max-Schubert-Warte ist zu Ehren des gleichnamigen Pioniers unter den Vermessern errichtet worden. Er lieferte 1936 eine kleine technische Sensation in Form des ersten Flächenwidmungsplans im Sechs-Farben-Druck für die Stadtgemeinde St. Pölten.

Wer die sechs steilen Stufen der Warte erklommen hat, der steht genau in der Mitte von Niederösterreich, das ihm somit zu Füßen liegt. Für die Anstrengung wird er mit einem wunderschönen Rundumblick belohnt und kann bei klarem Wetter bis zum Schneeberg, zum Ötscher und zum Jauerling sehen.

Wetterunabhängig ist in südlicher Richtung die Pfarrkirche der Mittelpunkt-Gemeinde Kapelln sichtbar. 1077 erstmals urkundlich erwähnt, ist sie der römischen Märtyrerin Petronilla geweiht. Sehr ungewöhnlich. Womöglich hängt die Weihe mit der Geschichte des Ortes zusammen? Kapelln – also Niederösterreichs Mittelpunktgemeinde – lag zur Römerzeit in der Provinz Noricum und zugleich an jener Zivilstraße, die Carnuntum mit Vindobona und Aelium Cetium (zu Deutsch: St. Pölten) verband. Carnuntum verdankt seinen modernen Namen Petronell gleichfalls der römischen Märtyrerin – auch die dortige Pfarrkirche ist eine Petronilla-Kirche. Und Agnes von Poitou, Witwe des römisch-deutschen Kaisers Heinrich III., hat sich 1077 in Rom neben Petronilla begraben lassen.

Petronilla soll übrigens die leibliche Tochter des Apostels Petrus gewesen sein. Sagt die Legende. Diese sagt auch, dass Napoleon im Mai 1809 auf dem Weg nach Wien mit seinen Offizieren ausgerechnet hier eine Besprechung hatte. So gesehen ist Kapelln wahrlich der Nabel der Welt.

Adresse Oberkilling 1, 3141 Kapelln an der Perschling | **Anfahrt** S 5 bis Tulln, B 19, L 2019 und B 1 folgen, auf L 2016 abbiegen | **Tipp** Der Mittelpunkt-Rundwanderweg mit zwölf informativen Stationen auf etwa fünf Kilometern beginnt und endet in Kapelln neben der Kirche.

32 Die Araburg

Ein feste Burg ist unser Gott

Auf exakt 799 Metern wacht die höchstgelegene Burgruine Niederösterreichs stolz und einsam über das Triestingtal. Der atemberaubende Rundumblick, den Besucher heute vom Bergfried aus genießen, war für die Bewohner der Burg einst überlebensnotwendig. Konnte man doch seine Feinde nur von hier oben von Weitem erspähen und sich gegen sie wappnen.

Vom Rittergeschlecht der Arberger im 12. Jahrhundert erbaut, überstand die Burg, die den Adler in Namen und Wappen trägt, viele Jahrhunderte unversehrt. 1418 nahm Georg von Ruckendorf Kunigunde von Arberch zur Frau und wurde Burgherr. Er ließ eine Burgkapelle errichten, im gotischen Stil, dem heiligen Georg geweiht. In Krisenzeiten öffnete er die Burg für die Menschen aus der Umgebung als sichere Fluchtburg. Doch als der letzte Ruckendorfer 1524 starb, ging es mit der Araburg nach und nach bergab. Die Burgherren wechselten und lagen im ständigen Zwist und Hader mit den Lehensherren vom Stift Lilienfeld. Der Besitz verlotterte zusehends.

Vom ersten Einfall der Türken blieb sie noch verschont, doch als die Osmanen im Jahr 1683 erneut über das Land herfielen, brannten sie nicht nur die Häuser der Bauern nieder, sondern beschädigten auch die Burg schwer – sie verfiel allmählich zur Ruine.

Was übrig blieb, ist immer noch sehr beeindruckend. Über einen idyllischen Waldweg nähert man sich von Süden. Bevor man den Burghof betritt, kann man – als Zeichen friedlicher Absichten – die Glocke im modernen, frei stehenden Glockenturm läuten, indem man eine Münze einwirft. Vor dem Besteigen des 27 Meter hohen Aussichtsturms labt man sich am besten noch im Araburg-Stüberl und hält eine kurze Andacht in der Georgs-Kapelle. In ungeraden Jahren kann man im Sommer einer Aufführung der Kaumberger Burgschauspieler beiwohnen und später sein müdes Haupt in einem Mehrbett-Turmzimmer zur Ruhe betten. Karger Komfort – aber sehr viel Romantik.

Adresse 2572 Kaumberg | **Anfahrt** A 1 Abfahrt Altlengbach, Richtung Hainfeld, in Kaumberg Hinweisschild zur Araburg bis zum Parkplatz folgen, 25 Minuten Gehzeit zur Burg | **Öffnungszeiten** Burg jederzeit zugänglich; Araburg-Stüberl April–Nov. Mo, Mi–Fr 9–18 Uhr, Sa, So 8–19 Uhr, www.araburgstueberl.at | **Tipp** Auf dem nahen Reisberg (beim Mostheurigen Reisberghof, Thenneberg 30) steht eine tausendjährige Linde.

33___Das Weinheber-Haus
Zwiespalt im Namen der Kunst

Mit dem Mozart-Preis der Goethestiftung erfüllen sich für Josef Weinheber 1936 gleich zwei Träume: als Dichter endlich Anerkennung zu finden und ein Haus sein Eigen zu nennen. Er (44) kann den renovierungsbedürftigen Aigenhof ersteigern und ist plötzlich unheimlich gefragt. Doch der Preis für den Preis ist hoch. Die Stiftung steht dem NS-Regime nahe, dem auch Josef sich zeitweise gefährlich annähert, nur um sich stets wieder zu entfernen. Im Herbst 1936 soll sein Essay »Im Namen der Kunst« erscheinen – gegen die Blut-und-Boden-Ideologie der Nazis. Der Verlag zieht den Titel aus Furcht vor Goebbels' Repressalien zurück. Josef wird das Stigma eines Nazi-Poeten nie wieder los.

In seiner Preis-Rede sagt er: »Aber der Ruhm scheint mir doch wohl im großen und ganzen ein Missverständnis zu sein. Wenn ich mir heute die Urteile über mein Werk ansehe, sehne ich mich manchmal nach den traurig-schönen Zeiten meiner Ausgestoßenheit zurück.« 1892 in armen Verhältnissen in Ottakring geboren, wird er mit sechs von den Eltern ins Hyrtl'sche Waisenhaus abgeschoben (siehe Ort 54). Den Freiplatz am Gymnasium verliert er mit 15, inzwischen Vollwaise, weil er schlecht in Mathematik ist. Er schreibt erste Gedichte, musiziert und malt. Marianne Grill, Mutter eines Schulkollegen, nimmt ihn auf, sonst würde er wohl vor die Hunde gehen.

1918 tritt er aus der katholischen Kirche aus, um seine jüdische Freundin Emma Fröhlich zu heiraten, die ihn bald verlässt. Er wird evangelisch und heiratet Hedwig. Seine Geliebte Gerda schenkt ihm einen Sohn, sie heiratet er nicht und wird wieder katholisch. Am 8. April 1945, beim Herannahen der Russen, nimmt sich der ewig Zerrissene das Leben. Die Kirche verweigert dem Selbstmörder ein Begräbnis. So ruht der Dichter in seinem Garten, am Waldrand, endlich in Frieden. Er hinterlässt ein großes, entdeckenswertes lyrisches Werk und sein Haus als lehrreichen Erinnerungsort.

Adresse Josef-Weinheber-Straße 36, 3062 Kirchstetten | **Anfahrt** A 1 Ausfahrt Altlengbach, B 19 und Wiener Straße bis Weinheber-Straße in Kirchstetten nehmen | **Öffnungszeiten** jederzeit gegen Voranmeldung unter Tel. 02743/8989, www.weinheber.net | **Tipp** Oberhalb vom Weinheber-Haus führt nach links der Dichter-Steig zum Haus von Wystan Hugh Auden (siehe Ort 34). Am Wegesrand findet man Gedichte beider Lyriker und Wissenswertes über ihr Leben.

34 Das Wystan-Auden-Haus
Danksagung an eine Heimstatt

Der britisch-amerikanische Dichter Wystan Hugh Auden (40) verliebt sich 1957 in das hübsche alte Bauernhaus in Hinterholz 6. Er kann es kaufen, dem »Premio Antonio Feltrinelli«, einem der höchstdotierten Kunst- und Kulturpreise der Welt, sei Dank. Zum ersten Mal in seinem Leben besitzt er ein eigenes Heim. Er vergießt Freudentränen. Bis zu seinem Tod am 29. September 1973 wird er jeden Sommer hier verbringen, zusammen mit Chester Kallman, seinem Gefährten, homosexuell wie er selbst. Auf dem Papier bleibt Wystan Hugh Ehemann der Schriftstellerin Erika Mann, der er 1935 durch Heirat die britische Staatsbürgerschaft verschafft hat.

Was verschlägt den bedeutendsten englischsprachigen Lyriker seiner Zeit ausgerechnet nach Kirchstetten? Als Verehrer von Goethe will er dessen Sprache sprechen, aber nicht in Deutschland leben. Er genießt die Nähe zu Wien, wo er seiner Musikleidenschaft frönt und die Oper besucht. Er liebt die Abgeschiedenheit, geht allsonntäglich in die Kirche und nachher auf ein Glas Wein ins Wirtshaus. Die Kirchstettner begegnen ihm mit Toleranz, ehrfurchtsvoller Distanz – und ein wenig Stolz. Immerhin hat der Dichter sein Haus in »Thanksgiving for a Habitat« besungen, 1963 in »The New Yorker« erschienen. In seinem Habitat, seiner Heimstatt also, hat man das Obergeschoß modern museal gestaltet. Zweisprachig. Authentische Objekte verbreiten Auden-Aura: Bücher, Manuskripte, Möbelstücke, seine Hauspatschen, die er wegen seiner Hühneraugen angeblich sogar zum Kirchgang trug, und seine Schreibmaschine.

In einem Gedicht über Josef Weinheber führt er virtuell eine Begegnung mit seinem Nachbarn (siehe Ort 33) herbei – wohlwollend, respektvoll, hellsichtig. »Categorised enemies twenty years ago, now next-door neighbors, we might have become good friends …«

Wystan Hugh liegt am alten Kirchstettner Friedhof begraben. »Poetry makes nothing happen!« So seine Überzeugung.

Adresse Hinterholz 6, 3062 Kirchstetten | **Anfahrt** A 1 Ausfahrt Altlengbach, B 19 und Wiener Straße bis Audenstraße folgen | **Öffnungszeiten** nach Vereinbarung unter Tel. 02743/8206 | **Tipp** Auf dem Weinheber-Platz ist die Sage von der Rosalienquelle und dem steinernen Brot nachgebildet: »Möge euer Brot zu Stein werden und die Quelle so kalt, dass ihr daraus nicht trinken könnt!« So rächte sich eine hungernde Frau an Holzknechten, die ihr kein Brot gaben.

35 Die Hauptbachklause

Maria-theresianisches Badeparadies

Man watet durch die beiden Tunnel, bewundert die Holzbretter-
tore und versucht, die darüber in Stein gemeißelten Inschriften zu
entziffern, in Deutsch und Latein: 1756! Mozarts Geburtsjahr. Da
hat Maria Theresia das Holzbauwerk aus 1667 »in Stein verewigen
lassen, zum allgemeinen Nutzen«. Ja, bis 1939 war die Große Klause
als Herzstück einer gewaltigen Holztriftanlage tatsächlich äußerst
nützlich.

»Leopoldsdorff in der Claußen« heißt die Siedlung, die Kaiser
Leopold I. 1667 im Tal der Schwechat für die 51 erfahrenen Holz-
fäller und Zimmerleute errichten lässt, die er extra aus dem Salzkam-
mergut geholt hat. Sie haben den Auftrag, nach alpinem Vorbild eine
Anlage zu planen, die den wertvollen Brennstoff aus den Allander
Urwäldern in die Hauptstadt Wien bringt.

An der Schwechat baut man zunächst die Große Klause (claudere =
verschließen), dann an den 13 Nebenbächlein die Vorklausen. Holz-
verstärkte Erddämme mit Holztoren, die heruntergelassen werden,
um im Frühjahr das Schmelzwasser aufzustauen. Normalerweise sind
die Bächlein ja nur müde Rinnsale. Im Winter wird Holz geschlägert,
in drei Fuß lange Scheiter geschnitten und auf Schlitten zu den Klau-
sen gebracht. Und dann: Gespanntes Warten auf die große Schmelze.
Beim höchsten Wasserstand wirft man die Holzscheiter ins Wasser,
öffnet die Vorklausen nach einem ausgeklügelten Zeitplan. In ste-
tem Fluss triftet das Holz zur Hauptbachklause. Ist diese mit Wasser
gefüllt, wird auch sie geöffnet. Das Holz triftet 20 Kilometer weiter,
wird bei Baden aufgefangen, herausgefischt, getrocknet und mit Fuhr-
werken nach Wien transportiert. Für die 300 Holz- und Schwemm-
knechte eine anstrengende, gefährliche Arbeit, für die Anwohner und
die Badener Kurgäste ein aufregendes Spektakel.

Die älteste erhaltene Klause Europas steht heute unter Denkmalschutz. An Sommertagen dient sie, zum allgemeinen Nutzen, den
Einheimischen als idyllischer Badeplatz.

Adresse 2533 Klausen-Leopoldsdorf | **Anfahrt** A 21 Ausfahrt Alland, vom Hauptplatz 4,5 Kilometer Klausenstraße und L110 folgen, am linken Straßenrand parken | **Tipp** Zum Holztrift- und Forstmuseum Schöpflklause fährt man etwa sieben Kilometer Richtung St. Corona (bei der Hinweistafel parken; 15 Minuten Gehzeit, April–Okt. 1. und 3. So 14–16 Uhr).

36 Die alte Weinbauschule

Babo – Vater des modernen Weinbaus

Die einstige Burg von Markgraf Leopold III. im Stift Klosterneuburg – einen schöneren Ort hätte Propst Adam Schreck für die private
Stifts-Weinbauschule kaum finden können. Wo im 12. Jahrhundert
Leopold mit seiner Agnes residierte, richtet man 1860 Klassenzim-
mer ein und unterweist junge Männer in der hohen Kunst des Wein-
und Obstbaus. Weltweit eine Novität! Der Propst ist ein Mann mit
Weitblick. Aus Deutschland engagiert er den führenden Weinfach-
mann August Wilhelm Freiherr von Babo (33) als Direktor. Dessen
Geburtsort Weinheim hat mit Wein rein gar nichts zu tun. Dennoch
ist August Wilhelm der Hang zur Önologie in die Wiege gelegt.
Sein Vater Lambert nämlich ist ein europaweit bekannter Weinguru.

August Wilhelm avanciert zu genau dem, was sein Nachname in
der modernen Jugendsprache bedeutet: zum Babo. Er begründet den
modernen Weinbau, revolutioniert die Kellerwirtschaft und macht
seine Schule zur führenden Lehr- und Versuchsanstalt der Monarchie. 1861 entwickelt er die Klosterneuburger Mostwaage, mit der
bis heute der Zuckergehalt im Most gemessen wird, angegeben in
Klosterneuburger Zuckergraden alias Babo-Graden. Die Reblaus-
Katastrophe in den 1870er Jahren bekämpft er innovativ: Er entdeckt, wie man heimische Reben durch eine Unterlage aus resistenten
nordamerikanischen Rebsorten schützt.

1882 verfasst er ein Standardwerk der Önologie. Da ist seine
Schule, seit 1863 öffentlich, längst in ein modernes Gebäude an der
Wienerstraße übersiedelt. Hier werden heute junge Menschen aus
aller Herren Länder fünf Jahre lang zu Babos unter den Önologen
und Pomologen herangebildet. Die Klassenräume der alten Wein-
bauschule beherbergen nun das Stiftsarchiv.

Das Stift ist der älteste und größte private Weinproduzent Österreichs. Gott sei Dank! Beim verheerenden Stiftsbrand von 1330
kühlte man den berühmten Verduner Altar, als das Löschwasser
längst ausgegangen war – mit Wein.

Adresse Stiftsplatz 8, 3400 Klosterneuburg | **Anfahrt** B14 bis Klosterneuburg folgen, bei Avanti-Tankstelle links abbiegen, rechts bis Rathausplatz fahren | **Öffnungszeiten** Stiftsplatz 5–21 Uhr zugänglich | **Tipp** Vor der neuen Weinbauschule (Wienerstraße 74) steht eine Babo-Büste. Aussteck-Zeiten der empfehlenswerten Heurigen in Klosterneuburg, Kierling, Weidling und Kritzendorf findet man auf www.spritzwein.jetzt.

37 Der Holzknecht-Stein
Dem Märtyrer der Wissenschaft

Die wissenschaftliche Theorie ist die eine Sache, das Umsetzen in die Praxis eine ganz andere. Während Wilhelm Röntgen, Entdecker der gleichnamigen Strahlen, als erster Nobelpreisträger für Physik in die Geschichte eingeht, geht Guido Holzknecht, Pionier der Röntgenologie, an den Folgen ihrer praktischen Anwendung elend zugrunde.

Die Euphorie für die neuartige medizinische Technik ist groß. Erstmals kann man den menschlichen Körper durchleuchten und seine inneren Organe sichtbar machen. Die allerersten Röntgenbilder entstehen schon wenige Wochen nach der Veröffentlichung von Röntgens Entdeckung 1895 – ausgerechnet in Wien. Es sind Bilder von Händen. Guido Holzknecht, ein junger Klosterneuburger Arzt an der neu gegründeten Abteilung im Wiener Allgemeinen Krankenhaus, fertigt sie an. Als Erster erkennt er auch die tödliche Gefahr der neuen Errungenschaft. Allein die Dosis entscheidet über Schaden oder Nutzen. Holzknecht schafft Abhilfe. Er erfindet das Chromoradiometer zur Messung der Strahlendosis und setzt Bleigummi als Strahlenschutz ein.

Für ihn selbst ist es zu spät, längst ist er an Radiodermatitis erkrankt. Erst verliert er einen Finger, schließlich seinen rechten Arm. Unter großen Schmerzen und mit Spezialprothesen arbeitet und forscht er dennoch weiter. Seine Fähigkeit, Wesentliches blitzschnell zu erkennen und seine Beobachtungen zu systematisieren, ist überragend. Seine bahnbrechenden Erfolge in Diagnostik und Therapie machen die Röntgen-Abteilung unter seiner Führung weltberühmt. Doch nach insgesamt 64 Operationen verliert er mit 59 Jahren den Kampf gegen den Röntgenkrebs. »Aus Wien ist die traurige Nachricht eingegangen, dass Dr. Guido Holzknecht am 30. Oktober 1931 verschieden ist.«

Die Holzknecht-Einheit H wird später in Röntgen R umbenannt. Den »Holzknecht-Raum« hingegen – zwischen Herzhinterwand und Wirbelsäule – durchleuchten die Röntgen-Strahlen bis heute.

DR. GUIDO HOLZKNECHT
OPFERTE SEIN LEBEN DER
MENSCHHEIT UND DER
WISSENSCHAFT

1872   1931

PROFESSOR DER RÖNTGENOLOGIE
ER WOHNTE IM HAUS
BUCHBERGGASSE 29

Adresse Kardinal-Piffl-Platz, 3400 Klosterneuburg | Anfahrt B 14 bis Klosterneuburg folgen, auf Buchberggasse abbiegen | Tipp Im Haus der Familie Holzknecht (Buchberggasse 29) wohnte von 1904 bis 1906 auch der Gymnasiast Egon Schiele (siehe Ort 58). Sein Kontakt mit dem Röntgenologen und den neuartigen Bildern schärft den durchleuchtenden Blick, der seine Kunst prägt, zum Beispiel seine Darstellung von Händen.

38 Der Kremsmünstererhof

Denk-Kunst in historischen Mauern

Am Anfang steht die Lorenz'sche Wienerwald-Villa in Altenberg. Sie ist der erste Sitz des Instituts, 1989 gegründet, nach dem Tod des weltberühmten Verhaltensforschers und Nobelpreisträgers Konrad Lorenz. Die idyllische Lage seines Wohnhauses erweist sich mit der Zeit jedoch als allzu abgelegen und für den Forschungsbetrieb nicht optimal geeignet. Die Suche nach einem neuen Standort endet glücklich im Kremsmünstererhof in Klosterneuburg. Das denkmalgeschützte Gebäude im Martinsviertel wird in aller Ruhe behutsam renoviert und adaptiert. So entsteht ein idealer Ort des Rückzugs und der Begegnung, mitten in einer gut erreichbaren Stadt.

Der Kern aus 1308, die uralten Kellergewölbe also, werden freigelegt, ihr ursprünglicher, reizvoll roher Zustand wird herausgeschält und mit modernen Elementen konstruktiv ergänzt. Vom Mittelalter über die Renaissance und die zuletzt barocke Gestalt wird eine Brücke ins 21. Jahrhundert geschlagen. Im wahrsten Sinn des Wortes, denn vom alten zum neuen Trakt führen tatsächlich Brücken, in einem Atrium aus Glas, Metall und Holz. Auch zwischen dem Gebäude und dem parkähnlichen Garten wird eine ideale Verbindung geschaffen.

Stipendiaten der privat finanzierten Stiftung finden hier eine unvergleichlich inspirierende Arbeitsumgebung, zum Nach- und Vorausdenken – auf allen Gebieten der Biologie, die ohne Labor auskommen. »Dass ich erkenne, was die Natur im Innersten zusammenhält.« Konrad Lorenz' Lebensmotto, ein Zitat aus Goethes »Faust«, bringt das Wesen der vielfältigen Aspekte der Biologie, der Wissenschaft des Lebens, perfekt auf den Punkt.

Workshops, Seminare und Vorträge stehen Forschenden und Interessierten offen. Und wenn zeitgenössische Künstler in den Kellergewölben ihre Werke ausstellen, ein Konzert oder eine Performance stattfindet, hat auch die breite Öffentlichkeit Zutritt zu diesem beschaulichen Ort der Wissenschaft, Kunst und Erkenntnis.

Adresse Martinstraße 12, 3400 Klosterneuburg, www.kli.ac.at | **Anfahrt** B 14 bis Klosterneuburg Stadtplatz folgen, rechts in Martinstraße abbiegen | **Öffnungszeiten** nur bei Veranstaltungen | **Tipp** Das Innere eines mittelalterlichen Hauses kann man in der Wasserzeile 13 erkunden: Das »Melarium« bietet Honigprodukte aus der Demeter-Imkerei an (Di 9–13 Uhr, Fr 13–18 Uhr) sowie Seminare und Vorträge (www.apis-z.at).

39___Die Tutzsäule

Das ewige Licht leuchte ihm

Am besten wartet man, bis die Scheinwerfer, die das Stift nachts tag-
hell beleuchten, abgedreht sind: Erst die Dunkelheit bringt die wahre
Bestimmung der Säule ans Licht.

14. Dezember 1381. Wieder hat der Schwarze Tod Wien und seine
Umgebung heimgesucht. Zur Erinnerung an die Hinweggerafften
und um Gott für das Pest-Ende zu danken, hat der fromme Klosterneuburger Bürger Ritter Michael von Tutz bei Meister Michael eine
Totenlichtsäule für den Friedhof vor dem Stift in Auftrag gegeben.
Über zehn Meter ist sie hoch und aus edlem Zogelsdorfer Sandstein
gearbeitet. Reliquien sind darin eingemauert, was die Säule zu einem
gültigen Ablassort macht. Der edle Spender hat wohl auch das eigene
Seelenheil im Sinn, neben dem der Gläubigen, die den Ablass von
ihren Sünden erbitten. Heute, am Tag des heiligen Märtyrers Nica-
sius, Schutzpatron der Pestopfer, leuchtet die Laterne zum allerersten Mal. Durch eine Tür im Sockel wird eine brennende Kerze mit
einem Seilzug nach oben befördert. Von nun an soll hier ewig ein
Licht brennen, als Wegweiser für die Seelen der Toten und als Brücke zwischen ihnen und den Lebenden.

Die lateinische Inschrift in gotischen Lettern ist noch immer
erkennbar. »Anno Domini MCCCLXXXI hoc Opus perfectum est,
mox post pestilentiam in die S. Nicasii Martyris quando et duae
Papae fuerunt.« Unter dem reichen Maßwerk der Laterne ist auf
sechs Seiten die Passion Christi dargestellt: Christus am Ölberg, die
schlafenden Jünger, die Geißelung, Christus am Kreuz mit Maria
Magdalena, Christi Auferstehung und »Christus zeigt sich Thomas«.

Das wunderschöne Barock-Tor zum aufgelassenen Friedhof hat
man 1840 auf den Oberen Stadtfriedhof versetzt. Der Gottesacker
lässt sich noch an den Grabplatten entlang der Stiftskirchenmauer
erahnen. Wie Tutz es verfügt hat, flackert echtes Licht in der echt
gotischen Säule – Kontrapunkt zu den 1890 neugotisch aufgesetz-
ten Kirchtürmen.

Adresse Stiftsplatz, 3400 Klosterneuburg | **Anfahrt** B 14 bis Klosterneuburg folgen,
bei Avanti-Tankstelle links abbiegen, rechts bis Rathausplatz fahren | **Öffnungszeiten**
Stiftsplatz 5 – 21 Uhr zugänglich | **Tipp** Im Stift ist die Biedermeier-Bibliothek besonders
sehenswert, die größte private Bibliothek Österreichs, geöffnet bei Veranstaltungen und
nach Anmeldung (www.stift-klosterneuburg.at).

40 Das Sanatorium Hoffmann

Kaf-ka-esk! Die letzten 45 Tage des Franz K.

Im April 1924 wird bei Franz K. Kehlkopftuberkulose diagnostiziert. Unheilbar. Ein Aufenthalt im Sanatorium Wienerwald in Feichtenbach (siehe Ort 21) soll lindernd wirken. Doch Franz K. findet es trostlos dort. Er fühlt sich unwohl. Sein Kehlkopf schwillt so sehr an, dass Dr. Baer ihn zurück nach Wien schickt, in die Laryngologische Klinik. Der schnelle Tod seines fröhlichen Zimmernachbarn Josef Schrammel jedoch erschüttert Franz K. zutiefst – er will einfach nur: weg.

Am 19. April übersiedelt er in das private Sanatorium des Dr. Josef Hoffmann im berühmten Luftkurort Kierling. Klein, persönlich, familiär – fast wie eine Pension. Franz K. atmet auf, endlich fühlt er sich: gut aufgehoben. »Für Kranke ist es hier ausgezeichnet«, schreibt er an seinen Freund Max Brod. Sein Zimmer liegt gartenseitig, nach Süden, im zweiten Stock. Es ist hell und hat einen kleinen Balkon. Das Wetter ist prächtig, die Aussicht auf den gepflegten Rosengarten, den Kierlingbach und den Wienerwald einfach herrlich. Franz K.s Freundin Dora Diamant bezieht ein Gästezimmer und kocht für ihn. Dr. Hoffmanns Behandlung tut ihm gut. Es geht ihm viel besser. Er lässt sich sogar in Lenzl Wieshaiders Einspänner nach Gugging fahren, in den Wald.

Dann verschlechtert sich sein Zustand rapide. Der Dichter, der kaum noch reden oder essen kann, arbeitet an seiner letzten Erzählung: »Der Hungerkünstler«. Alles nimmt er mit größter Intensität wahr. Am Montag, den 2. Juni geht es ihm gut. Er liegt auf dem Balkon, isst Erdbeeren, die ihm sein Freund Dr. Robert Klopstock aus Wien gebracht hat. Am nächsten Tag, gegen Mittag, sagt er zu Robert: *Gehen Sie nicht fort!* Und dann: *Aber ich gehe fort.*

1979 richtet man im ehemaligen Sanatorium auf Initiative des Erwachsenenbildners Hans Gruber einen Gedenkraum ein. 2016 wird er neu und modern gestaltet – die Holzarbeiten macht der örtliche Tischler mit Namen: Kafka.

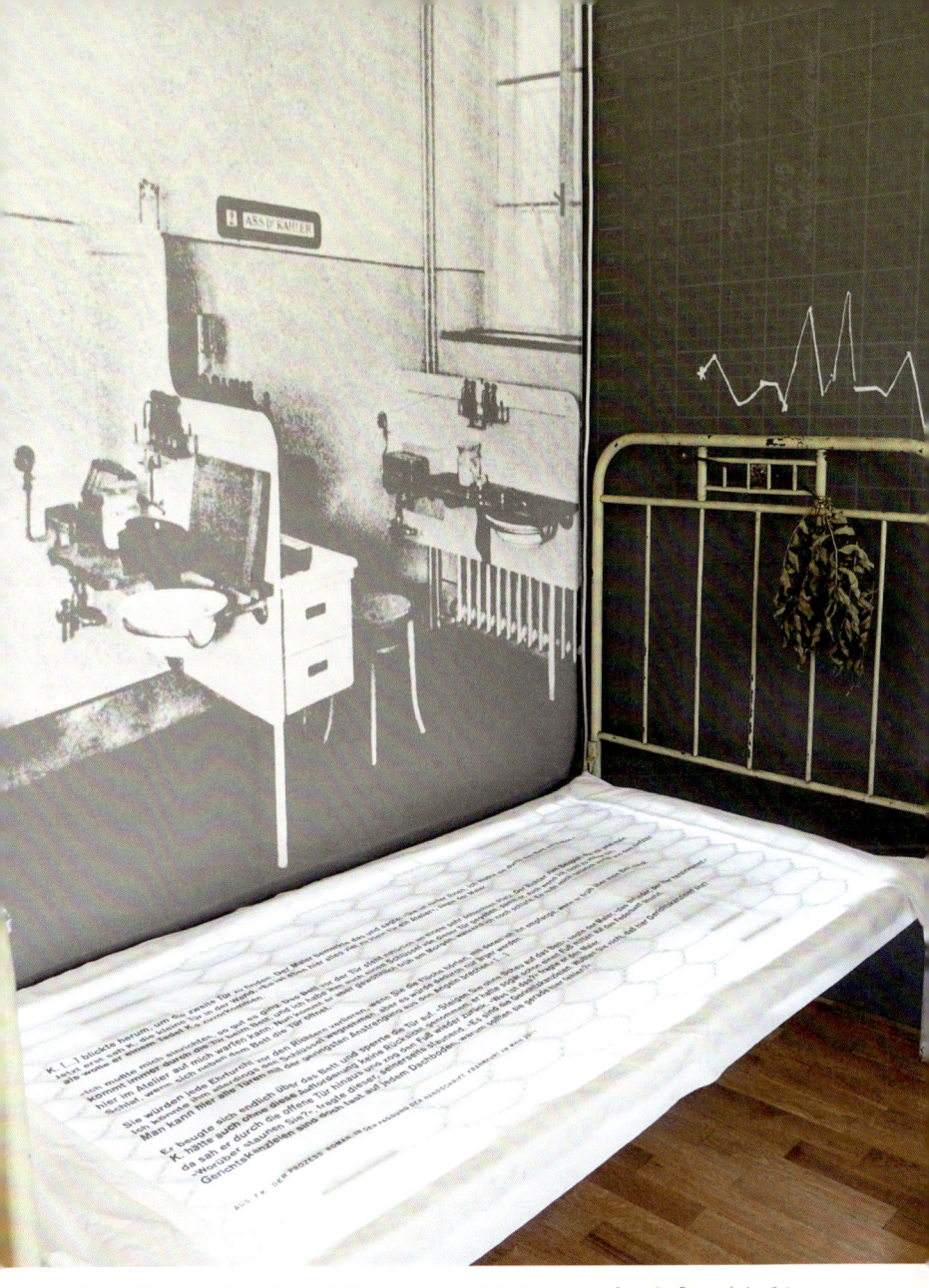

Adresse Hauptstraße 187, 3400 Klosterneuburg/Kierling, www.franzkafka.at | **Anfahrt** B 14 Richtung Tulln bis Kierling nehmen | **Öffnungszeiten** an Open-Door-Tagen und auf Anfrage | **Tipp** Dr. Josef Hoffmann ist auf dem Kierlinger Friedhof begraben (Hauptgang rechts). Auf dem Himmelbauerplatz wurde zum 60. Todestag das weltweit erste Franz-Kafka-Denkmal enthüllt – ein expressives Werk des Bildhauers Hans Freilinger (1925–2012).

41___Die schöne Else

Luxusgeschöpf aus dem Geschlecht der Rosen

Ein seltener Wildfruchtbaum aus dem Geschlecht der Rosengewächse, *Sorbus torminalis* vulgo Elsbeere, liebevoll »Die schöne Else« genannt, steht am Rande eines sonnigen Hochplateaus. Blickt auf den dicht bewaldeten Bergrücken des Naturparks Eichenhain und weit ins Kierlingtal. In dieser Gegend ist sie eine wahrlich exotische Schönheit. Niemand weiß, wer oder was sie hierher verschlagen hat, vor geschätzten 200 Jahren. Sie ist 15 Meter hoch. Die Äste ihrer ausladend kugelförmigen Krone neigen sich bis zum Boden. Sie strahlt Geborgenheit aus und spendet Kraft. Schon ein Windhauch lässt sie unvergleichlich klangvoll rauschen, wohltuend tief, besänftigend.

Wann ist die schöne Else am schönsten? Mitte April, wenn ihre Blätter endlich duftig grün sprießen, ohne noch ihre Gestalt zu verhüllen? Oder erst in ihrer sehr späten Blütezeit, Ende Mai? Da ist ihr Blätterkleid blickdicht, und den üppigen cremeweißen Blütendolden entströmt betörender Honigduft. Das Spiel der Farben ist am eindrucksvollsten im Herbst. Die Blätter, wie zu lang geratene Ahornblätter, verfärben sich nun feurig rot, orange und gelb, und dunkelbraun lugen in voller Reife die kleinen Früchte hervor. Ende November, wenn die letzten Blätter sich losreißen, enthüllt sich ihr edler Wuchs und ihr lockig verzweigtes Geäst, das sie so unverwechselbar macht.

Sie braucht Platz, wurzelt tief und breitet sich im Erdreich weiter aus als ihre Krone. Erst nach 20 Lenzen erblüht sie zum ersten Mal, zehn Jahre später trägt sie erste Früchte. Anfangs wächst sie rasch. Dann lässt sie sich Zeit. Ihr Holz ist extrem hart und dicht. Es wird zu exquisiten Möbeln verarbeitet, zu Flöten und zu Orgelpfeifen. Auch alles andere an ihr ist kostbar. Die Blüten und die Früchte hängen hoch, sie zu ernten braucht Zeit, Mut, Geduld, Liebe und Leidenschaft. Der Lohn sind ganz besondere Naturprodukte, unter anderem der edelste Fruchtschnaps der Welt (siehe Ort 51).

Adresse Dorfberggasse, 3400 Klosterneuburg / Kierling | Anfahrt B 14 Richtung Tulln bis Kierling Hofer-Parkplatz; Marschallgasse, dann rechts der Dorfberggasse folgen; vor dem Brunnen links die Wiese hinauf | Tipp Geht man weiter in Richtung Redlinger Hütte, kommt man zum Spitelkreuz »Auf dem Hahn«, wo einst die Burg der Chirchlinger gestanden sein soll – durch Erdbeben oder Brandschatzung zerstört und spurlos verschwunden.

42 — Das Strombad Kritzendorf

Kritz-les-bains oder die Riviera an der Donau

In seinen »Geschichten aus dem Wiener Wald« schreibt Ödön von Horváth (siehe Ort 90) anno 1931 eine Szene »Im Wiener Wald, auf einer Lichtung am Ufer der schönen blauen Donau«. Welcher Ort, wenn nicht der Badestrand von Kritzendorf, sollte den Dichter zum imaginären Schauplatz des Verlobungspicknicks inspiriert haben? Wobei der Verlobte in die Strand-Wüste geschickt und die Braut in den Donau-Dünen verführt wird. Was auch im wirklichen Leben, unter dem Einfluss von lokalem Ribiselwein, schon vorgekommen sein soll.

In Kritz-les-bains trifft sich in den 1930ern alles, was Rang und Namen hat oder auch nicht, denn im Badekostüm sind alle gleich. Die Welt scheint in Ordnung. Noch. Das Strombad, 1903 erbaut, erlebt seine Blütezeit. Seit 1927 gibt es das schicke, von Heinz Rollig geplante Rondeau, mit Geschäften, Eissalon, Café und Restaurant, dazu Sport- und Tennisplätze. Am zwei Kilometer langen Sandstrand der Donau-Riviera tummeln sich an heißen Wochenenden bis zu 12.000 Badehungrige, die aus Wien anreisen, mit der Bahn oder gar mit dem Auto, auch Prominente und Künstler wie Heimito von Doderer, Peter Altenberg, Lina Loos, Hilde Spiel und Friedrich Torberg. Für Tagesgäste, die Eintritt zahlen, stehen Kabinen zur Verfügung. Dazu ist eine Siedlung von 377 hochwassersicheren Stelzen-Kabanen entstanden, in denen man den ganzen Sommer über wohnt. Viele davon gehören Juden – was dem Strombad zum Verhängnis wird. Die Kabanen werden 1938 von den Nazis über Nacht enteignet, Juden wird der Zutritt zum Strandbad verboten. Obwohl der Bürgermeister die arisierten Hütten gleich nach Kriegsende restituiert, erholt sich das Strombad nie wieder.

Seit 1977 kann man hier gratis baden. An der berühmten Strombad-Architektur nagt sichtbar der Zahn der Zeit. »Nun ist die Sonne untergegangen, es dämmert, und in der Ferne spielt das Reisegrammophon den Frühlingsstimmen-Walzer von Johann Strauß.«

Adresse Strombad Rondeau 30, 3400 Klosterneuburg/Kritzendorf | **Anfahrt** B 14 bis Interspar-Kreisverkehr in Klosterneuburg, rechts abbiegen und Straße bis Neue Badgasse folgen | **Öffnungszeiten** jederzeit zugänglich | **Tipp** Am Bahnhof Kritzendorf, wo seit 100 Jahren Badegäste ankommen, haben Edith Czernilofsky und Augustine Mühlehner am Bahnsteig 1 und 2 eine entzückende »Natur-im-Garten«-Oase geschaffen.

43__Das Haus der Künstler

Genie und Wahnsinn

Ein Haus in freundlicher Landschaft, jeder Millimeter der Fassade bunt bemalt – ungekünstelt kunstvoll. Das Werk von Kindern? Oder Graffiti-Künstlern?

Alles beginnt mit einem Experiment. Der Psychiater Leo Navratil (29) entdeckt 1950 in London den Zeichentest der amerikanischen Psychologin Karen Machover. Zurück an seinem Arbeitsplatz in der Heil- und Pflegeanstalt Gugging wendet er die »Method of Personality Investigation« an, um Erkenntnisse über das Innenleben seiner psychisch kranken Patienten zu gewinnen. Doch manche der Bilder, die dabei entstehen, sind weit mehr als bloße Grundlage für Diagnosen. Navratil ahnt: Das ist Kunst! »Ich war fasziniert von der Ausdruckskraft und oft auch von der Skurrilität mancher Zeichnungen meiner Patienten.« Er tritt in Kontakt mit dem Schweizer Künstler Jean Dubuffet, der den Begriff »Art Brut« prägt: Kunst im Urzustand.

Eine Entdeckungsreise in das Grenzgebiet von Kreativität und Krankheit beginnt. 1965 erregt Navratils Buch »Schizophrenie und Kunst« die Aufmerksamkeit der Kunstwelt. Maler, Dichter und Bildhauer pilgern nach Gugging, um Künstler persönlich kennenzulernen. Eine Ausstellung in Wien macht Gugginger Künstler wie Johann Hauser, Ernst Herbeck, Philipp Schöpke, Oswald Tschirtner und August Walla über Nacht berühmt. 20 Jahre später wohnen und arbeiten sie einem eigenen Pavillon mitten im Grünen, im »Haus der Künstler«, wie Navratils Nachfolger Johann Feilacher es nennt.

Die Psychiatrie ist längst geschlossen, die Kunst ist geblieben. Das Haus der Künstler bildet heute mit einem Museum und einer Galerie das Art Brut Center. Die einst Geächteten sind hoch geachtet, ihre Werke hängen in bedeutenden Museen der Welt. Das Areal ist reframed: Auf dem Campus des Institute of Science and Technology alias IST tummeln sich hochbegabte Post-Graduate-Studenten aus aller Welt.

Wie schmal ist doch der Grat zwischen Genie und Wahnsinn.

Adresse Am Campus 2, 3400 Klosterneuburg / Maria Gugging, www.gugging.at | **Anfahrt**
B 14 bis Maria Gugging folgen, im Kreisverkehr rechts auf Am Campus abbiegen |
Öffnungszeiten Haus der Künstler nur mit Führung; Museum Di – So 10 – 18 Uhr, Winter
10 – 17 Uhr; Galerie Mo – Fr 10 – 18 Uhr | **Tipp** August Walla ist auf dem Kierlinger
Friedhof begraben. Hier findet man ein Feld mit schlichten Grabkreuzen von Gugginger
Patienten, darunter viele Opfer des Nazi-Euthanasie-Wahns.

44_Die Lourdesgrotte
Wundersam weiches Wasser

Im Mai des Jahres 1923 spaziert Pater Kaspar Hutter betend durch den prächtigen Buchenwald von Hadersfeld nach Gugging. In einem aufgelassenen Steinbruch hebt er den Blick zu einem Felsen empor und denkt: Entweder ist dort oben eine Lourdesgrotte – oder der Fels ist berufen, eine solche zu werden! Ja, eine exakte Nachbildung der berühmten Mariengrotte von Massabielle bei Lourdes schwebt ihm vor, genau hier. Und siehe da – auf wundersame Weise fließen aus vielen Quellen reichlich Spenden. Wie das Original ist es quasi ein »Massabielle«, ein »Alter Berg«, denn der Berg mit dem Felsen wird von der gebürtigen Französin Marie Pflaum, Besitzerin der Villa Pereira in Altenberg (siehe Ort 75), gestiftet.

Nun wird gesprengt und gebaut. Eine Muttergottes und eine heilige Bernadette aus Laaer Marmor werden in Auftrag gegeben. Am Nachmittag des 10. Mai 1925 setzt sich von der Gugginger Kirche eine kilometerlange Prozession zur Grotte in Bewegung. Zehntausende Menschen sind herbeigeströmt, um der Einweihung des ergreifend schönen Heiligtums durch Prälat Ignaz Seipel beizuwohnen.

Bis heute pilgern Gläubige nach Gugging, 1989 durch »Maria« geheiligt. Feiern Gottesdienste, beten, danken, entzünden Kerzen und bitten um kleine und große Wunder. Nicht nur das Gebet, auch das Wasser soll Gutes bewirken. In der ganzen Region nämlich ist das Wasser stark kalkhaltig, hart und linksdrehend. Hier hingegen sprudelt es wundersam weich. Und rechtsdrehend.

Das Wunderwasser, das viele Menschen in ihre mitgebrachten Behältnisse füllen, hat sich seinen Weg durch Greifensteiner Sandstein gebahnt. Dieser ist reich an edlen Mineralen, denen positive, ja heilende Kräfte zugeschrieben werden: Turmalin, Rutin und Zirkon. Heilsam wirkt auch die heilige Ruhe, die an diesem besonderen Kraftort herrscht. Während sich in Lourdes die Pilgermassen drängen, ist man an diesem schönen Ort meist: allein.

Adresse Hauptstraße 134, 3400 Klosterneuburg/Maria Gugging | **Anfahrt** B 14 bis Maria Gugging folgen, beim Gasthof Waldhof rechts abbiegen | **Öffnungszeiten** 7–18 Uhr | **Tipp** Zur kulinarischen Einkehr nach der Pilgerfahrt empfiehlt sich der stimmungsvolle, etwa zeitgleich erbaute Gasthof Waldhof. Wer sich sportlich betätigen möchte, findet dazu am nahen Bogen-Wald Gelegenheit.

45 Das Kriegerdenkmal

Ehre den tapferen Schützern der Heimat

An einem zauberhaften Waldweg zwischen Wien und Niederösterreich versteckt sich hinter dichtem Laub das älteste erhaltene Denkmal für Gefallene des Ersten Weltkriegs. Rast- und achtlos eilen
und radeln die Menschen vorüber. Wegweiser finden sich spärlich
und versteckt.

August 1914. Der Sieg ist höchstens ein paar Monate entfernt!
Nicht länger als bis Weihnachten kann es dauern. In diesem naiven
Glauben, mit einem romantischen Bild von Ruhm und Heldentum
bewaffnet, ziehen unzählige junge Männer in den Krieg, vor Begeis-
terung blind. Schon zu Weihnachten beklagt man 115.000 Tote,
358.000 Verwundete, Hunderttausende Gefangene und Vermisste.
Das Ende ist unerreichbar fern, vom Sieg ganz zu schweigen.

Sommer 1916. Der grauenhafte Krieg tobt schon zwei endlose
Jahre. Soldaten der kaiserlichen Armee der Landsturmabteilung
»I/IV Hameau« unter Oberleutnant Engelbert Tula bauen in ihrer
Freizeit ein von ihm selbst entworfenes Denkmal für ihre gefallenen
Kameraden. Der Verkaufserlös von Ansichtskarten und Gedenkblät-
tern soll dem Roten Kreuz zugutekommen. Doch bedauerlicher-
weise hat Tula den militärischen Amtsweg nicht eingehalten. Wegen
der »eigenmächtigen Erbauung« wird der Verkauf von Karten und
Gedenkblättern untersagt, ebenso die feierliche Enthüllung.

Zehn Millionen gefallene Soldaten, zehn Millionen tote Zivi-
listen, 21 Millionen Verwundete. Erschütternde Bilanz des ersten
modernen Massenvernichtungskrieges. An diesem verborgenen Ort
lässt sich in Ruhe nachdenken, vor dem Rundtempel, gekrönt mit
einem laubgeschmückten Helm, ganz in der antiken Tradition der
Heldenehrung. Hilfloser Versuch, dem sinnlosen Tod einen Sinn
zu geben und den Hinterbliebenen einen Ort, an dem sie trauern
können, wehmütig und doch ein wenig stolz. Im Tod ist jeder zum
Helden geworden. Soldat, Offizier, Romantiker, Idealist, Freiwilliger,
Opfer, Rekrutierter – das Schlachtfeld hobelt alle gleich.

Adresse Artilleriestraße, 3400 Klosterneuburg / Weidling (Exelberg) | **Anfahrt** B 19 und L 2090 folgen, unterhalb des Exelberg-Senders parken, Forstweg Richtung Hameau folgen | **Tipp** Der Weg führt weiter zum Hameau, dem höchsten Punkt im Schwarzenbergpark. Hier ließ der österreichische Feldherr Franz Moritz von Lacy 1797 das »Holländerdörfl« errichten, von dem noch ein Häuschen steht, tür- und fensterlos.

46 Der Planetenweg

In vollem Glanze steigt die Sonne strahlend auf

In einem schlichten frühbarocken Brunnen aus 1652 liegt der strahlende Mittelpunkt des Universums: unsere Sonne. In Wirklichkeit ist sie natürlich eine Spur größer, genauer gesagt 1,4 Milliarden Mal. Dennoch ist das in und um Königstetten maßstabsgetreu nachgebaute Universum beeindruckend. Von der Sonne aus kann man durch das Weltall spazieren und den tatsächlichen Größen und Entfernungen der Planeten nachspüren. Ausgesprochen erhellend.

Die Sonne, bildhaft als Geflecht dargestellt, ist ja nur im innersten Kern fest und stabil, der Rest besteht aus Gas: drei Viertel Wasserstoff, ein Drittel Helium. Jede Sekunde verschmelzen durch Kernfusion bei 15 Millionen Grad 700 Millionen Tonnen Wasserstoff zu 695 Millionen Helium. Unvorstellbar, wie viel Energie freigesetzt wird, die durch das Weltall schießt, bis zur Erde, um sie mit Licht und Wärme zu versorgen, Leben zu ermöglichen und in Gang zu halten. Die Erde ist nur 150 Millionen Kilometer entfernt, quasi einen Katzensprung. Man übersieht sie fast im Mini-Universum, so klein und unbedeutend ist sie mit ihrem maßstäblichen Durchmesser von nur einem Zentimeter. Hier hat man die wichtigste Erfahrung schon gemacht: wie entscheidend die Aktivität der Sonne für alles irdische Leben ist. Kein Wunder, dass sie in der Antike als Gottheit verehrt wurde und in der christlichen Schöpfungsgeschichte eine entscheidende Rolle spielt, ebenso wie in Joseph Haydns Oratorium. Auch zum Mars ist es nicht weit, und Pluto, am Ende des Sonnensystems, erreicht man (ohne sich in Lichtgeschwindigkeit fortzubewegen) schon nach zwei Stunden. Dabei passiert man Jupiter, Saturn, Venus und Uranus. Man wandert hinter der Kirche den Tulbingerkogel hinauf und kommt aus dem Staunen nicht heraus, was die Sonne so alles hervorbringt: Wiesen und Weingärten, Buchen- und Eichenwälder. Auf halbem Weg, beim Uranus, kann man sich auf der Leopold-Figl-Warte (siehe Ort 50) der Sonne 47 Meter näher fühlen.

Adresse Hauptplatz 1, 3433 Königstetten | **Anfahrt** B 14 bis St. Andrä-Wördern nehmen, beim Kreisverkehr links abbiegen, der Straße bis Königstetten folgen | **Öffnungszeiten** jederzeit zugänglich | **Tipp** Nach dem Erwandern des Weltalls empfiehlt sich der Besuch eines der zahlreichen Heurigen (www.weinort-koenigstetten.at).

47_Der Kanal Wien–Triest
Metamorphose eines Wasserweges

Wer heute den künstlichen Wasserweg entlangspaziert, radelt, joggt oder walkt, erlebt eine denkmal- und naturgeschützte Idylle. Pappelalleen, malerische Brücken, Schleusen, Aquädukte, Fische, seltene Tiere und Pflanzen. Kaum zu glauben, dass hier Kanal-Kähne von zwei Meter Breite und 22 Meter Länge, von Pferden gezogen, Holz, Kohle und Ziegel aus Klausen-Leopoldsdorf (siehe Ort 35) transportiert haben, und gelegentlich bis zu 80 Personen.

Das »Canal-Projekt« wird 1797 zur Bekämpfung von Wiens chronischer Energieknappheit aus der Taufe gehoben. Am 12. Mai 1803 findet die feierliche Eröffnungsfahrt auf dem »Wiener Canal« statt, doch der schöne Schein trügt. Das Projekt ist von Anfang an zum Scheitern verurteilt.

Eigentlich soll der Wasserweg ja die Hauptstadt der Monarchie mit Triest verbinden, so der ehrgeizige Plan. Man kommt allerdings nicht 560, sondern nur 63 Kilometer weit – bis Wiener Neustadt. Weshalb der Kanal heute als Wiener Neustädter Kanal bekannt ist. Ein technisches Problem jagt das nächste. Ein Investor nach dem anderen geht bankrott oder gerät in finanzielle Schwierigkeiten, darunter Kaiser Franz Joseph, der privates Vermögen investiert – und verliert. Der Transport auf dem Kanal erweist sich als unrentabel und bleibt nach dem Siegeszug der Eisenbahn endgültig auf der Strecke, 1879 fährt der letzte Kahn. Versuche einer Revitalisierung misslingen. Allmählich verwahrlost das Gerinne, versumpft, versandet und verschilft. Nach dem Zweiten Weltkrieg will man es zuschütten. Schließlich wird doch etwa die Hälfte gerettet, nach und nach saniert und reframed.

Der 36 Kilometer lange Wiener Neustädter Kanal, Niederösterreichs größtes Industriedenkmal, dient heute als Erholungsraum. Eine wunderbare Zweckentfremdung, die seine Erfinder sich wohl nie hätten träumen lassen. Besonders schön ist der Abschnitt zwischen der Flugfeldstraße und dem Schlosspark Kottingbrunn.

Adresse Maria-Theresien-Straße 50/Flugfeldstraße, 2542 Kottingbrunn | **Anfahrt** A 2 Ausfahrt Bad Vöslau, Wienerstraße und Flugfeldstraße bis Maria-Theresien-Straße folgen | **Tipp** Im nahen Schlosspark (siehe Ort 48) führt ein Kultur- und Naturpfad zu Resten der Rennbahntribüne und zu den Teichen, die zur Bewässerung der Bahn dienten – gespeist aus dem Kanal.

48_ Das Wasserschloss

Schlossherr ohne blütenreine Weste: echt falsch!

Das bildschöne Schloss mit Wassergraben und prächtigem Park hat eine frühromanische Vergangenheit und verdankt sein heutiges Aussehen dem frühen Barock. Die Besitzer wechseln häufig. 1819 erwirbt der Geschäftsmann, Erfinder, Porträtmaler und Zeichner Peter Ritter von Bohr das Anwesen. Wenig später vermählt er sich in zweiter Ehe mit der Gräfin von Christallnik. Mathilde (27) ist ein Luxusgeschöpf. Das Wasserschloss beeindruckt sie sehr. Peter (48) strengt sich mächtig an, um ihr all das zu bieten, was ihr seiner Meinung nach gebührt. 1840 jedoch verliert er seinen gesamten Besitz. Fehlinvestitionen und der Konkurs eines Geschäftspartners sind die Ursache. Im Handumdrehen kommt er wieder zu einem stattlichen Vermögen – wundersam und unerklärlich. Erst im August 1845 löst sich das Rätsel.

In der Österreichischen Nationalbank bringt eine Revision verdächtige Zehn- und Hundert-Gulden-Scheine zutage – echt falsche Blüten! Nur ein wahrer Künstler kann das bewerkstelligen. Kriminalkommissär Max von Felsenthal hat von Anfang an Peter von Bohr im Visier. Absurd. Von Bohr verkehrt doch in allerhöchsten Adelskreisen und ist mit Kaiser Franz I. befreundet. Er hat die Erste Österreichische Sparcasse mitbegründet – und die Nationalbank! Bei einer Hausdurchsuchung hebt Felsenthal die Fälscherwerkstatt aus. Peter und Mathilde werden inhaftiert und nach einem langwierigen Prozess 1846 zum Tod durch den Strang verurteilt. Der Kaiser wandelt die Todesstrafe in schweren Kerker um. Peter stirbt jedoch schon ein Jahr später. Die schöne Mathilde wird begnadigt, doch ihres Lebens nicht mehr froh.

1896 erlebt das Schloss eine neue Blüte-Zeit. Der Österreichische Jockey Club errichtet im Park eine 2.800 Meter lange Pferderennbahn. Sie gilt als die prächtigste und bedeutendste in ganz Europa. 1915 zerstört ein Brand die spektakuläre Holztribüne. Dann kommt der Krieg und damit: das Ende.

Adresse 2542 Kottingbrunn | **Anfahrt** A 2 Ausfahrt Kottingbrunn, über Badener Straße, Gainfarner Straße und Wiener Neustädter Straße bis Hauptplatz fahren | **Öffnungszeiten** Park immer zugänglich, Infos zum Museum unter Tel. 0664/9796232 | **Tipp** Beim Kreisverkehr an der Friedhofsmauer steht die kuriose quadratische Schutzmantelkapelle, 1710 vom damaligen Wasserschlossherrn Graf von Lamberg gestiftet.

49__Der Kreuzbrunnen

Eine barocke Quelle als Wegweiser

Direkt an der viel befahrenen Hauptstraße schmiegt sich, leicht zurückgesetzt, der Kreuzbrunnen an den Waldesrand. Er ist mehr als nur eines von Hunderten Kleindenkmälern, wie man sie im Wienerwald auf Schritt und Tritt findet. Der barocke Brunnen aus 1720 nämlich schafft neben dem Fluss der lärmenden Fahrzeuge eine Oase der Stille, die nur das Plätschern des stetig aus der Quelle fließenden Wassers sanft durchbricht. Augenblicklich ist man in eine andere Welt versetzt, in ein anderes Zeitalter.

In einer grottenähnlichen Nische thront auf grob aufgetürmten Steinen das Kruzifix – ein stilisiertes Golgatha. Zu Füßen des Gekreuzigten hält ein Engel einen Totenkopf. Memento mori! Sei dir deiner Sterblichkeit bewusst! Doch was den Kreuzbrunnen so einzigartig macht, ist der Heilige zur linken Seite des Kreuzes. Er hebt den Kopf zu Christus, der ihm das Gesicht zuwendet, und hält die Arme über der Brust gekreuzt – die charakteristische Gebetshaltung des heiligen Bruno. Dass wir Bruno ausgerechnet hier begegnen, an der Straße, die zur Kartause am Ende des Mauerbachtals führt, ist kein Zufall: Er weist uns den Weg. Schließlich ist er der Begründer des Kartäuserordens.

1084 zog er sich mit sechs Gefährten in eine einsame Gebirgsgegend im französischen Grenoble zurück, nach Chartreuse. Hier bauten die sieben sich kleine Eremitagen mit Gemeinschaftsräumen und einer Kirche – alles durch einen Kreuzgang verbunden, der die Kirche zweiteilte. Die Gemeinschaft der Mönche, die sich selbst Schweigen verordnete, wuchs und wuchs zur »Grande Chartreuse«, zur Großen Kartause, Keimzelle des Kartäuserordens.

Die Kartause Mauerbach, 1316 von Friedrich dem Schönen für zwölf Mönche gestiftet, ist eine der wenigen gut erhaltenen Kartausen in Europa. Ein faszinierender Ort, auf den der Kreuzbrunnen einzustimmen scheint. Und wer könnte einer Einladung des heiligen Bruno persönlich schon widerstehen?

Adresse Hauptstraße 170, 3001 Mauerbach | **Anfahrt** B 223 und Mauerbachstraße bis Hauptstraße folgen | **Öffnungszeiten** Kartause Mai–Sept. Sa, So, Feiertage 10–18 Uhr | **Tipp** Neben der einzigartigen Kartause lohnt sich ein Besuch im Römer- und Heimatmuseum im revitalisierten Kutscherstall (Hauptstraße 246, So 10–12 Uhr).

50 Die Leopold-Figl-Warte
Adalbert Stifters Lieblingsaussicht

»Außer dem Gipfel des Schneeberges wird es wenige Punkte geben, auf denen eine schönere Aussicht ist als auf diesem eigentlich kleinen Berge.« So schwärmt Adalbert Stifter 1844 in seinem psychologisch-touristischen Essay-Band »Wien und die Wiener« vom Tulbinger Kogel, mit stolzen 494 Metern die höchste Erhebung weit und breit. Schon damals muss es eine Art Aussichtsturm gegeben haben. Der Dichter nennt einen »von Holz errichteten Balkon«, der diesen einzigartigen Rundblick ermögliche – an klaren Tagen bis Stift Göttweig. Wobei die Riesenschlange der Donau auf der ganzen Strecke von Krems bis Greifenstein aufgerollt läge.

1896 ersetzt man Stifters Balkon durch eine Warte. Und seit 1967 steht am selben Ort ein Bauwerk, das dem ersten Bundeskanzler der Republik Österreich gewidmet ist. Der verdienstvolle Tullnerfelder (1902–1965) hat die Fertigstellung leider nicht mehr erlebt. Die eigenwillige Warte hätte ihm gefallen – hat Architekt Clemens Holzmeister doch einiges vom Charakter ihres Namensgebers hineingelegt. Unbeirrbar schraubt sich die schlanke Spirale aus Stahlbeton aufwärts, nach der Einmündung des schnurgeraden Stiegenaufgangs, etwa auf halber Höhe, der an eine Leiter erinnert. Eine Himmelsleiter. Wer die 89 Stufen erklommen hat, tritt hinaus auf das Rondeau und wird mit einem grandiosen 360-Grad-Ausblick belohnt: auf das bunte Mosaik der Tullnerfelder Felder und, wenn das Laub der in den Himmel wachsenden Bäume ihn nicht verdeckt, den Schneeberg, die Rax und den Ötscher.

Man kann die Warte in eine Wanderung einbauen, etwa den Planetenweg von Königstetten (siehe Ort 46), oder vom Parkplatz des Berghotels Tulbingerkogel in wenigen Minuten erreichen. Vom Gastgarten genießt man einen nicht minder wunderbaren Blick auf die sanften Rundungen des Wienerwalds. Wie bemerkte Hans Weigel so treffend? »So schön weit von Wien und so schön nah von Wien!«

Adresse Tulbingerkogel 1, 3001 Mauerbach | **Anfahrt** B 1, Mauerbachstraße und Haupt-straße folgen, links auf Tulbingerkogel abbiegen | **Tipp** Auf der Sofienalpenstraße, früher Adalbert-Stifter-Straße, steht bei Kilometerstein 1 ein Denkmal für den Dichter, der im Sommer 1835 in Hinterhainbach 5 wohnte.

51__Das Haus der Elsbeere

Marmelade, Schnaps und grüner Blütentee

Kein uns bekannter Baum ist uns so unbekannt wie die Elsbeere. Sie macht sich aber auch ziemlich rar (siehe Ort 41)! Der Wiesen-Wienerwald ist das einzige Gebiet der Welt, wo man den wunderschönen, eigenwilligen Wildfruchtbaum so hegt und pflegt und seine gleichnamige Frucht für den Feinschmecker-Gaumen auf- und zubereitet.

Vollreif schmeckt die Elsbeere süß, ein wenig sauer, mit einem Hauch Mandelaroma. Am Gaumen fühlt sie sich leicht mehlig an, erinnert an getrocknete Feigen. Doch eigentlich ist ihr Geschmack unvergleichlich. Da hilft nur eines: kosten! Der Hof der Familie Mayer in Michelbach ist quasi die Residenz im Elsbeerreich. Jeder Elsbeer-Produzent aus dem Reich der 23 Wienerwaldgemeinden kann hier Spezialitäten präsentieren. Alle drei Jahre wird eine Elsbeer-Hoheit gekrönt, welche die edle Frucht repräsentiert und ihre Botschaft über die Reichsgrenzen trägt. Auf Prinzessin Ricarda I. folgte, im Sinne der im Reich herrschenden Gleichberechtigung, Prinz Mario I.

Die Elsbeerernte spät im Oktober erfordert Geduld, Mut und Geschick. Die fingernagelgroßen Früchte fallen nämlich nicht einfach so vom Baum. Sie hängen in Dolden in schwindelerregenden Höhen und lassen sich ausschließlich von Hand pflücken. Eine 14 Meter hohe Leiter, im Boden verankert, muss erklommen werden, die Pflücker sind mit Gurt und Seil gesichert. Für ein Kilo Elsbeeren braucht man eine Stunde, für das Rebeln von Hand noch einmal eine halbe. Schließlich werden allerlei Köstlichkeiten zubereitet, die man in der Elsbeer-Residenz kosten und kaufen kann.

Elsbeeren harmonieren mit Süßspeisen ebenso wie mit Fleisch. Aus Blättern, Früchten und Blüten wird grüner Tee gemischt, und aus den Blüten gewinnt man Sirup – honigsüß. Dazu gibt es Marmelade, Likör, Schokolade, Pralinen, getrocknete Früchte und als Krönung den erlesenen Elsbeerbrand. Er gilt als einer der teuersten Fruchtschnäpse der Welt.

Adresse Mayerhöfen 1, 3074 Michelbach | **Anfahrt** A 1 Ausfahrt Böheimkirchen, L 132 bis Abzweigung Güterweg Kleinprinzbauer folgen | **Öffnungszeiten** Mo–Fr 10–16 Uhr, Führungen auf Anfrage unter Tel. 0664/9568341, www.elsbeere.at | **Tipp** Michelbach verdankt seinen Namen der ungewöhnlichen, im Kern romanischen Chorquadrat-Kirche, die 1125 dem heiligen Michael geweiht wurde.

52 Die Köhlerei

Hocheckers feine Grillholzkohle, seit 1960

An der Straße unterhalb des Hochecker'schen Bauernhofs kann man von April bis September bisweilen ein ungewöhnliches Schauspiel erleben: Aus einem kohlschwarzen Kegel lösen sich schneeweiße Rauchnebelschwaden. Der Mini-Wienerwald-Vulkan entpuppt sich als Kohlenmeiler. Hier wird noch in reiner Handarbeit Holzkohle von unvergleichlich hoher Qualität hergestellt. Zum Glück! Denn das uralte Handwerk der Köhlerei, von der UNESCO zum nationalen Kulturerbe erklärt, ist fast ausgestorben. Kein Wunder. Wer investiert heute noch so viel Arbeit? Wer hat das Können, die Erfahrung und diese glühende Leidenschaft?

Um ein Metallrohr wird auf einem Rost Holz aufgeschichtet – in einem bildschönen 3-D-Puzzle aus ganzen und geschnittenen Holzstücken. Darüber kommt Grass: frisches Reisig aus dem Wald. Und am Ende wird alles mit Lösch bedeckt, einer Mischung aus Erde, Sand, Asche und Holzkohleresten.

Nun erweckt Johann Hochecker den Meiler zum Leben. Klettert die Leiter hinauf, wirft Glut in das Rohr, füllt es mit Holzstücken (ein geweihter Palmbuschen ist auch dabei, sicher ist sicher!), deckt es zu. Drei Wochen bewacht er den Meiler, alle zwei Stunden läutet der Wecker, Tag und Nacht. Der Meiler darf nie in Brand geraten! Wann was zu tun ist, um eine gleichmäßige Verkohlung von oben nach unten zu erreichen – das hat er im Gespür. Wie vor ihm sein Vater und nun auch Sohn Martin. Er bohrt oder verschließt Luftlöcher, fühlt mit dem Ansticheisen den Fortschritt der Verkohlung, heizt im richtigen Moment nach. Endlich ist der Meiler durchgekohlt. Die Lösch wird zur Seite geschaufelt, die warme Holzkohle, mit wenig Wasser abgespritzt, kommt in die Kohlhütte. Kalt und trocken wird sie in Papiersäcke gefüllt. Die Nachfrage steigt stetig. Die Hocheckers aber machen gerade so viel Kohle, wie es ihre arbeitsame, wunderbar entschleunigte Welt erlaubt.

Möglichst viel ist nicht das Ziel.

Adresse Kleindurlas 13, 3074 Michelbach Markt | **Anfahrt** A 1 Ausfahrt Altlengbach, B 19 und L 119 folgen, beim Kreuzwirt links abbiegen | **Öffnungszeiten** Kohlenmeiler frei zugänglich. Verkauf Mo – Sa 9 – 18 Uhr; Besichtigung für Gruppen, Schulklassen, Anmeldung unter Tel. 0664/9336782, www.holzkohle.at | **Tipp** Entschleunigt gut essen kann man zu moderaten Preisen im Gasthaus zum Kreuzwirt (Stollberg 22).

53 Die Volkssternwarte
Wo man Kühe grasen hört und die Milchstraße sieht

Fast könnte man die runden weißen Gebäude für kleine Ufos halten. Oder für sehr große Pilze, die aus der saftig grünen Wiese wachsen, auf einer Hochfläche, von der man so weit übers Land sieht, dass man schwören könnte, die Erde sei eine Scheibe. Darüber wölbt sich folgerichtig das Himmelszelt, und auf diesem prangen in klaren Nächten überwältigend viele Sterne. Man kann sich kaum sattsehen. Eine Stunde von Wien entfernt zeigt sich das Firmament in seiner natürlichen Dunkelheit, wie Gott es schuf. Zumindest fast. Klasse 3 bis 2 auf der Bortle-Skala. Das bedeutet einen sehr geringen Grad an jener Lichtverschmutzung, die in der Großstadt (Klasse 9 bis 8) selbst hellste Sterne: auslöscht.

Ein Verein von Amateur-Astronomen hat die Sternwarte vor 20 Jahren errichtet und nach Antares benannt, einem der 20 leuchtendsten Sterne in unserem Sonnensystem. 600 Lichtjahre entfernt und zehntausendmal heller als die Sonne, ist er bei wolkenlosem Nachthimmel sogar mit freiem Auge sichtbar.

Die in 640 Meter Seehöhe gelegene Sternwarte ermöglicht dem interessierten Laien in der 4,6-Meter-Kuppel einen Blick durch das Teleskop, in die Tiefen des Universums. Unter der Kuppel des neuen Sonnenobservatoriums stehen Teleskope für die Sonnenbeobachtung und Fotografie bereit. Und ein Radioteleskop empfängt und misst außerirdische Strahlungen, die besondere Himmelskörper aussenden. Mitarbeiter des Vereins bringen Besuchern bei öffentlichen oder privaten Führungen faszinierende Welten jenseits unserer Galaxie näher.

Der Ort ist nicht nur erfrischend frei von Lichtmüll, auch das Ohr des Besuchers nimmt, von Akustikmüll verschont, ungewohnte Geräusche wahr. Zum Beispiel kann man das Summen und Surren der 1995 errichteten, österreichweit ersten 225-Kilowatt-Windkraftanlage hören und, wenn diese schweigt, die glücklichen Kühe auf ihrer Weide beim friedlich rhythmischen Rupfen von frischem Gras belauschen. Einfach himmlisch.

Adresse Dorf 62, 3074 Michelbach, www.noe-sternwarte.at | **Anfahrt** A 1 Ausfahrt Altlengbach, B 19 und L 119 folgen, in Untergoin links auf L 132 abbiegen, bis Abzweigung Brennhof fahren, Straße bis Sternwarte folgen | **Öffnungszeiten** bei öffentlichen und privaten Führungen | **Tipp** Die Kukubauerhütte ist zu Fuß in einer guten halben Stunde erreichbar (Do–Mo 9–17 Uhr, Tel. 0664/4222041).

54 Das Hyrtl'sche Waisenhaus
Klein-Britannien in Mödling

Man fühlt sich in eines dieser englischen Colleges versetzt – filmreif. Jeden Augenblick könnten Buben und Mädchen in blauen Schuluniformen aus dem märchenhaft turmbewehrten Backsteingebäude stürmen. Der College-Stil des Campus kommt nicht von ungefähr, denn Schulbildung gehört zu den wichtigen Aufgaben des 1886 eröffneten Waisenhauses. Auftraggeber und Financier ist kein Geringerer als Josef Hyrtl, eine wahre Größe im akademischen Betrieb des 19. Jahrhunderts. Als Begründer der Topografischen Anatomie erlangt er Weltruhm. Mit der von ihm perfektionierten Korrosionstechnik gelingt es ihm, menschliche Organe posthum in bis dahin ungeahnten Details sichtbar zu machen. Hohlräume in den menschlichen Organen werden mit erstarrenden Substanzen ausgegossen; allmählich zersetzt sich das umgebende Gewebe, es korrodiert. Zurück bleibt das nackte Organ in 3-D. Selbst feinste Blutgefäße werden solcherart zu prächtigen Plastiken. Auf Hyrtls Zeitgenossen haben die Objekte eine faszinierende und zugleich gruselige Wirkung, ähnlich wie auf uns heute die »Körperwelten« des Gunther von Hagens. Das Grundprinzip ist gleich geblieben.

Josef Hyrtl, Wunderkind der Anatomie, wird mit 27 Universitätsprofessor in Prag. Er heiratet spät und stirbt 1894 kinderlos. Schon zu Lebzeiten stiftet er fast sein ganzes Vermögen dem Verein zur Gründung und Erhaltung eines Waisenhauses, eine Initiative seines Freundes, des Mödlinger Bürgermeisters Josef Schöffel (siehe Ort 74).

Hyrtl ist kein Waisenkind, Armut aber kennt er gut. Bildung, Karriere, Vermögen – alles muss er aus eigener Kraft schaffen. Als er 1810 geboren wird, spielt Vater Jacob schlecht bezahlt die Oboe in Fürst Esterházys Kapelle in Kismarton, ehemals von Joseph Haydn geleitet. Josefs jüngerer Bruder Jakob, ein berühmter Kupferstecher, vererbt seinem Bruder einen Schädel, der Teil von Mozarts Körperwelt gewesen sein soll. Angeblich!

Adresse Josef-Hyrtl-Platz, 2340 Mödling | Anfahrt A 23 Ausfahrt Vösendorf, B 17, Steinfeldstraße und Wiener Straße folgen | Öffnungszeiten nur von außen zu besichtigen | Tipp Das Thonetschlössl beherbergt die sehenswerte Hyrtl-Bibliothek und anatomische Raritäten (Josef-Deutsch-Platz 2, Mo – Do 9 – 13 Uhr, Sa 10 – 14 Uhr, So 14 – 18 Uhr). Stimmungsvoll ist die Beethoven-Wohnung im Hafnerhaus (Hauptstraße 74, Anmeldung unter Tel. 02236/24159).

55 Das Curhotel d'Orange

Neuhaus ist ja noch schöner als Baden!

Am 23. Februar 1889 stirbt in Wien Gräfin Anastasia von Wimpffen (51) unerwartet an einem Schleimschlag. Das hat weitreichende Folgen für Neuhaus an der Triesting. Der Sohn der märchenhaft reichen Verblichenen, Simon Alfons Franz Graf von Wimpffen (22), wird über Nacht zum Mitbesitzer riesiger Ländereien im Triestingtal.

Der Wiener Dandy und Playboy, steinreich und voller Tatendrang, folgt fortan seiner Vision. Genau hier, mitten im Nirgendwo, erschafft er einen mondänen Kurort. Einen Luftkurort. Der anspruchsvolle Kur-Tourist des Fin de Siècle allerdings lebt keineswegs von guter Luft allein. Graf Simon baut also Hotels, Villenanlagen und sogenannte Lufthütten aus Holz – Chalets für Wochenendgäste. Dazu alles, was man zur Zerstreuung so braucht: Parkanlagen, Springbrunnen, Musikpavillons, ein Freibad, eine Kegelbahn, ein Kaffeehaus und einen spektakulären Glassalon für Bälle und Festlichkeiten. Ein eigenes Wasserkraftwerk versorgt den Ort mit Strom. Zur sportlichen Ertüchtigung stehen Tennisplätze zur Verfügung, eine Rollschuh-Halle und eine Rodelbahn vom Peilstein bis nach Neuhaus.

Glanzvolles Zentrum wird das luxuriöse vierstöckige Kurhaus, das Curhotel d'Orange. 1913 erbaut, im späthistoristischen Stil mit neobarocken Elementen, überlebt es den Niedergang des Kurorts, den der Erste Weltkrieg einleitet und Graf Simons Tod 1925 besiegelt. Heute ist das »d'Orange« tatsächlich orange und mit exklusiven Wohnungen erfolgreich revitalisiert.

1988 wurde Neuhaus durch Thomas Bernhards Skandal-Theaterstück »Heldenplatz« zum geflügelten (W)Ort. Die »Frau Professor« nämlich ändert nach dem unerwarteten Selbstmord des Herrn Professors ebenso unerwartet ihre Umzugspläne, was das Personal ausgiebig beredet. Und Frau Zettel, die Haushälterin, gibt schließlich die legendäre Anweisung: »Anstatt nach Oxford geht jetzt alles nach Neuhaus!« Das angeblich ja noch schöner sei als Baden.

Adresse Hauptplatz 4, 2565 Neuhaus an der Triesting | **Anfahrt** A 21 Ausfahrt Mayerling, B 11 bis Neuhaus folgen | **Öffnungszeiten** nur von außen | **Tipp** Original-Flair findet man in der Villa Bajadere (Sa 10 – 16 Uhr, www.atelierbajadere.at), eine der elf neuen Villen (1911). Sehenswert ist die Burg oberhalb des Ortes (www.burg-neuhaus.at).

56 Das Laurenzikirchlein

Von Engeln getragen

Glaubt man der Sage – und warum sollte man das nicht tun? –, so hätte das Kirchlein unten stehen sollen. Bauern sollten es in Fron-arbeit errichten, zu Ehren des heiligen Laurentius. Ein vielseitiger Heiliger, der alle schützt, die mit offenem Feuer zu tun haben, direkt oder indirekt, den Bäcker ebenso wie den Koch, den Archivar und den Bibliothekar. Außerdem kann man ihn bei Hexenschuss zu Hilfe rufen.

Die Bauern also schleppen Holz und Quadersteine zum Bauplatz. Wir schreiben ungefähr das Jahr 1150, es wird wohl ein Rundbau mit Kegeldach werden. Allerdings nicht sofort, denn am nächsten Morgen sind Holz und Steine: verschwunden! Alles findet sich interessanterweise am nordwestlichen Abhang des Buchbergs wie-der. Sehr schlechter Scherz. Die Bauern bringen alles zurück, müh-sam, und dann wiederholt sich die Sache auch noch. Man bestimmt einen Zimmermann, der den Platz nächtens auf einem Baum sitzend bewachen soll. Tja. Am nächsten Morgen sind nicht nur Holz und Steine, sondern auch Baum und Zimmermann am Buchberg gelan-det. Von Engelsflügeln getragen? Das scheint den Markersdorfern die einzig plausible Erklärung zu sein, sie fügen sich dem Willen der höheren Mächte. Unter all den Steinen jedenfalls finden sie einen aus der Zeit der Römer, mit einem kleinen geflügelten Genius – einem Todesengel oder Thanatos mit gesenkter Fackel. Den mauern sie ein. Um 1500 wird an die Rundkirche ein Chor im spätgotischen Stil angebaut, noch später der Nordturm.

Bis heute feiern die Markersdorfer das Lorenzifest zu Vollmond um den Festtag des heiligen Laurentius am 10. August: »Sankt Lorenz füllt mit heißem Hauch dem Winzer Fass und Schlauch.« Und man muss den Engeln recht geben – sie haben einen wunderbaren, weithin sichtbaren Platz für das Kirchlein ausgesucht. »Laurenzi-Kirchlein einsam steht, vom Waldeshauche rings umweht; am hohen Buchberg angeschlossen, schaut es zu Tale unverdrossen.«

Adresse Haag bei Markersdorf 600, 3040 Neulengbach | **Anfahrt** A1 Ausfahrt Neuleng-
bach, B 19 bis Abzweigung Markersdorf folgen | **Öffnungszeiten** bei Gottesdiensten,
Anfragen unter Tel. 02772/52122, www.wirmarkersdorfer.at | **Tipp** Ein Wanderweg führt
vom Kirchlein auf die Buchbergwarte mit Panoramablick und Gasthaus. Auf dem Buchberg
befand sich die größte urzeitliche Wallanlage Österreichs (siehe Ort 19).

57 Der Rote-Armee-Friedhof
Das letzte Gefecht

April 1945. In diesem grauenhaft sinnlosen Krieg sind die letzten Wochen besonders sinnlos und grauenhaft. In Wien ist das Standrecht eingeführt worden, Befehlsverweigerung und Verschwörung werden mit sofortiger Hinrichtung bestraft. Sehr junge Männer, fast noch Kinder, werden von Hitler als letztes Aufgebot in den Krieg geschickt, schlecht ausgerüstet, kaum bewaffnet. Das Dritte Reich ist zwar am Ende, doch es ergeht der Befehl, Wien um jeden Preis zu verteidigen. Jetzt erst recht. Nach einer Kapitulation darf nichts dem Feind in die Hände fallen. Alles muss vorauseilend zerstört werden. Strategische Bauwerke wie Brücken ebenso wie zivile Einrichtungen. Die Operation Radetzky von Major Carl Szokoll scheitert. Sie hätte in geheimer Absprache mit der Roten Armee Wien zur offenen Stadt erklärt – kampflose Kapitulation hätte Zerstörung und Plünderung verhindert. Die Operation fliegt auf, drei Widerstandskämpfer werden an Laternenmasten aufgeknüpft.

Im Wienerwald fordert der Kampf zwischen der deutschen Wehrmacht und sowjetischen Einheiten noch einmal sinnlose Opfer.

Allein die um Neulengbach im April 1945 Gefallenen der Roten Armee füllen 14 Massengräber und 163 Einzelgräber am sowjetischen Soldatenfriedhof. Man betritt ihn von der Straße über eine kleine Allee durch ein separates Tor an der Ostseite des Ortsfriedhofs. Ein Obelisk mit einem roten Stern ragt empor. Nur in wenige Grabsteine sind Namen eingraviert, die meisten tragen die Inschrift: *Unbekannter Soldat der Roten Armee, gefallen im Monat April des Jahres 1945.* Einer von ihnen wird beispielhaft betrauert: Stepanow Jurij Stepanowitsch. Gefallen kurz nach seinem 20. Geburtstag, am 8. April 1945. Ein trauriger junger Mann. Eines von 27 Millionen sowjetischen Opfern, die der Zweite Weltkrieg gefordert hat. Daneben, durch eine Mauer getrennt, Gräber von ebenso unbekannten deutschen Wehrmachtssoldaten.

Alle gleich tot.

Adresse Wiener Straße, 3040 Neulengbach | **Anfahrt** A 1 Ausfahrt Pressbaum, B 44 folgen | **Öffnungszeiten** immer zugänglich | **Tipp** An dem Ort, an dem vor der Verwüstung durch die Türken (1683) die Burg Raipoltenbach stand, erstreckt sich, zwischen drei von ehemals vier runden Ecktürmen, ein Fußballplatz. Sehr kurios.

58 Die Zelle Nummer zwei

Die Orange – einziger Lichtblick!

Am 13. April 1912 wird Egon Schiele im Kotter des Alten Gerichtsgebäudes in Neulengbach für 17 Tage in Untersuchungshaft genommen. Verstöße gegen die Paragrafen 96, 128 und 516 Strafgesetz werden ihm zur Last gelegt. Entführung, Schändung und Sittlichkeitsübertretung. Dazu kommt Verabredungsgefahr des mutmaßlichen Täters (21) mit dem mutmaßlichen Opfer Tatjana von Mossig (14).

Egon lebt seit einigen Monaten in Au am Anzbach mit seinem Modell Wally (25) zusammen. Tatjana von Mossig sucht das Paar nach einem Streit mit ihren Eltern auf. Weinend! Die beiden kennen Tatjana nur flüchtig, lassen sich dennoch erweichen und geben ihr Unterschlupf. Tatjana will unbedingt zu ihrer Großmutter nach Wien. Wally begleitet sie. Doch dann will sie doch nicht. Zurück in Neulengbach will sie: nicht nach Hause. Wally und Egon beherbergen sie also eine weitere Nacht. Genau eine Nacht zu viel. Der empörte Vater Theobald erstattet Anzeige. Von zwei schweren Delikten wird Egon freigesprochen – wegen Delikt Nummer drei jedoch – Verbreitung unsittlicher Zeichnungen – sitzt er drei weitere Tage in Zelle Nummer zwei.

Der Tat- und Prozesshergang ist heute schwer rekonstruierbar, denn der Gerichtsakt verschwindet unter ungeklärten Umständen. Sicher ist hingegen, dass Wally ihrem Egon eine Orange ins Gefängnis bringt. Sie geht in die Kunstgeschichte ein. »Die eine Orange war das einzige Licht«, schreibt der Künstler, nachdem er sie gemalt hat. Und verzehrt sie. Nach diesem Skandal ist Egons Ruf angeknackst. Wenig später zieht er mit Wally nach Wien-Hietzing, heiraten wird er sie nie. 1915 nimmt er Edith Harms zur Frau. Akte von jungen Mädchen zeichnet er fortan nicht mehr.

Bis heute sorgt ein guter Geist dafür, dass stets eine frische Orange auf der Gefängnispritsche liegt. Sie kann mitsamt der kleinen, feinen Dauerausstellung über Egon Schiele in Neulengbach fast jederzeit besichtigt werden.

Adresse Hauptplatz 2, 3443 Neulengbach | **Anfahrt** A 1 Ausfahrt Altlengbach, B 19 folgen | **Öffnungszeiten** Mo–So 9–17 Uhr, freier Eintritt | **Tipp** Von der Kanzel der Wallfahrtskirche im nahen Maria Anzbach hielt Abraham a Sancta Clara, Prediger und Poet, am 8. September 1677 seine legendäre trostreiche Predigt »Der Glückliche Fisch-Zug in Anzbach«.

59__Der Pankraziberg
Die entweihte Kirche

Aus dem Nöstauer Hochplateau ragt weithin sichtbar ein Kegel. Darauf thront eine Kirchenruine, die sich gut im Wald versteckt, bis man das Tor in der Mauer entdeckt, welche die Kirche wehrhaft umgibt. Man schlüpft durch, folgt rechts dem Weg, stößt auf eine Treppe; durch ein Rundbogentor in der Mitte der Längsmauer betritt man staunend den Raum, den nur mehr das Himmelsgewölbe zusammenhält. Es herrscht heilige Stille. Das Fenster über dem Tor wirft kreisrund sein Licht auf die Wiese. Zum imaginären Altar führen Stufen, von Gras und Gestrüpp überwuchert. Die Reste zweier Apsiden ragen auf, vieleckig, ungleich, mit Spitzbogenfenstern. Es müssen zwei Schiffe gewesen sein, von ungleicher Breite, zu verschiedenen Zeiten gebaut.

Die Kirche ist um 1260 auf den Ruinen der mittelalterlichen Schwarzenburg errichtet worden, Stammsitz der Haderiche seit ungefähr 1055. Die Burg verschwindet im Dunkel der Geschichte, auf ihre sagenhafte Existenz weist nur der Namenspatron hin. Der heilige Pankratius nämlich, als Eisheiliger bekannt, war Schutzheiliger der Ritter und Adeligen.

Die Gegend um Nöstach wird 1683 von den Türken überfallen, verwüstet. Das vollkommen zerstörte Innere der Pankrazikirche wird bald wieder aufgebaut und frühbarock ausgestattet. Doch was den Türken nicht gelungen ist, wird 1784 von Joseph II. verordnet: die Entweihung. Wie Hunderte andere Kirchen und Klöster wird die Pankrazikirche von Joseph II. für überflüssig erklärt. Gestühl und Dachstuhl sind verkauft, die Kirche ist per Dekret dem Verfall preisgegeben. Die Gemeinde versammelt sich zu einem letzten, traurigen Gottesdienst. Die Hostien werden aus dem Tabernakel genommen und an die Gläubigen verteilt. Der Pfarrer löscht das ewige Licht. Unter Glockengeläute, in einer langen, feierlichen Prozession, wird der heilige Pankratius hinausgetragen. Doch bleibt ein heiliger Ort nicht für ewige Zeiten heilig?

Adresse 2571 Nöstach | **Anfahrt** A 21 Ausfahrt Mayerling, B 11 bis Dörfl folgen, bei
Posthaltestelle auf Graben-Nostach abbiegen, parken und zu Fuß weitergehen, links halten |
Öffnungszeiten ganzjährig zugänglich | **Tipp** Ganz in der Nähe findet man konzentrische
Steinkreise, die vor etwa 7.500 Jahren als Grabstätte dienten und, in Verbindung mit dem
Großen Peilstein, als Kalendarium.

60 Der Schubert-Brunnen

… fließt Schuberts ewiger Liederquell

Auf einem Felsvorsprung am rechten Ufer der Traisen thront weithin sichtbar stolz das Schloss Ochsenburg. Im Kern ist es tatsächlich eine Burg, und zwar die des Markgrafen Otakar II., der sie 1087 mitsamt Elisabeth, Tochter von Markgraf Leopold II., erheiratet. Noch heute kann man die mittelalterliche Bastei erkennen.

Als Besitzer wechseln sich später die geistlichen Herren von St. Pölten mit diversen weltlichen Herren ab. Erst wird die Burg zum Schloss im Stil der Renaissance umgebaut, im 18. Jahrhundert erhält es, nach Plänen von Jakob Prandtauer, seine frühbarocke Gestalt.

So lernt Franz Schubert Schloss Ochsenburg kennen. Er darf den Herbst 1821 hier verbringen, mit seinen Freunden Moritz von Schwind und Franz von Schober. Schober ist mit Ritter von Dankesreither verwandt, Bischof von St. Pölten, dem das Schloss als Sommersitz zur Verfügung steht. In der kühlen Jahreszeit lässt er die drei Freunde darin wohnen. Großzügig. Eine Art Aufenthaltsstipendium. Franz Schubert (24), stets knapp bei Kasse und auf der Suche nach einer Bleibe, nützt es, um intensiv an seiner Oper »Alfonso und Estrella« zu arbeiten. Schober (25) hat sich nicht ganz uneigennützig für den inspirierenden Ort eingesetzt, stammt von ihm doch das Libretto. Welches immerhin in der Zeit der ersten Ochsenburg spielt, wenn auch nicht in St. Pölten, sondern in Spanien. Die romantische Geschichte erzählt von zwei verfeindeten Herrschern, Mauregato und Froila, deren Kinder Estrella und Alfonso zueinanderfinden. Endlich! Nach entsprechenden Irrungen, versteht sich, die, als die Oper lang nach Schuberts Tod endlich uraufgeführt wird, von Kritik und Publikum als Wirrungen empfunden werden. Doch was dem Text an Dramatik fehlt, macht Schuberts frühromantisch lyrische Musik mehr als wett.

Zu seinem 100. Todestag hat man einen Brunnen errichtet: Wie dieses Wasser klar und hell fließt Schuberts ewiger Liederquell.

Adresse Am Schlossberg, 3151 Ochsenburg | **Anfahrt** A 1 Ausfahrt St. Pölten Süd, B 20, dann Ochsenburger Straße folgen | **Öffnungszeiten** Brunnen frei zugänglich | **Tipp** In etwa eineinhalb Stunden kann man zur 1932 erbauten Ochsenburger Hütte »D'Rudi« auf der Rudolfshöhe (594 Meter) wandern oder in zehn Minuten mit dem Auto fahren (Mi–So 9–22 Uhr, Tel. 02746/8328).

61 Der Alte Bahnhof

Die langsamste Eisenbahn der Welt?

Fast hätte einer der letzten erhaltenen Fachwerk-Bahnhöfe des 19. Jahrhunderts einem Supermarkt weichen müssen. Eventuell wollte man Teile davon im Eisenbahnmuseum Strasshof aufstellen, als eine Art Railway-Historyland. Doch so hätte er seinen Platz in der Eisenbahnwirklichkeit für immer verloren und der Ort, an dem er Gott sei Dank heute noch steht, all seinen Charme. Ein Verein wird gegründet und macht das schier Unmögliche möglich, nämlich einen alten Bescheid des Bundesdenkmalamts aufheben zu lassen. Statt »nicht erhaltenswert« ist der Bahnhof seit 2011 »selbstverständlich schutzwürdig«! Was beweist, dass auch Denkmalschützer nur Menschen sind, die nach dem jeweiligen Zeitgeist entscheiden.

Mit einem großen Fest wurde der Bahnhof am 17. August 1883 eröffnet. Die neue Nebenstrecke der Südbahn verband endlich Liesing mit Kaltenleutgeben und brachte für den Personen- wie den Güterverkehr großen Nutzen. Längst hatten Touristen das Gebiet für sich entdeckt, bislang nur für die Sommerfrische. Nun kam man auch zum Skifahren in den Wienerwald. Die Kaltenleutgebner Bahn war nämlich die erste Linie, die Skier beförderte. Allerdings brauchten diese eine eigene Fahrkarte. Eine Hundefahrkarte.

Prominenter Fahrgast ist der amerikanische Schriftsteller Samuel L. Clemens alias Mark Twain. Er verbringt den Sommer 1898 mit Frau und Töchtern in der Villa Paulhof im Wasserkurort Kaltenleutgeben (siehe Ort 30). Für seine Fahrten nach Wien benützt er natürlich die Kaltenleutgebner Bahn – für ihn, den Ungeduldigen, wie er an einen Freund schreibt: die langsamste Eisenbahn der Welt!

Auf der geretteten Bahnstrecke ist der reguläre Betrieb längst eingestellt. Doch Bahnhof samt Schienentrasse werden als technisches Kulturgut vom Verein erhalten. Mehrmals jährlich kann man mit einem Nostalgie-Dampfzug fahren. Schön langsam! Und einmal im Jahr wird das Perchtoldsdorfer Bahnhofsfest gefeiert.

Adresse Feldgasse 2, 2360 Perchtoldsdorf | **Anfahrt** A 21 Ausfahrt Brunn am Gebirge, Mühlgasse bis Feldgasse folgen | **Öffnungszeiten** Infos unter www.kaltenleutgebnerbahn.at | **Tipp** Auch Hugo Wolf kam 1888 hier an, um seine Mörike-Lieder zu komponieren – im Haus seiner Freunde in der Brunner Gasse 26, heute eine stimmungsvolle und informative Gedenkstätte (Mai – Okt. So, Feiertage 13 – 18 Uhr, www.hugowolf.at).

62 Die Ruine St. Cäcilia

Gänse, Käse, Faschinghühner

In der laublosen Jahreszeit ist sie von Weitem zu sehen, die Cilli, wie die Einheimischen ihre romantische Kirchenruine liebevoll nennen. Bisweilen aber verschanzt sie sich beinahe unsichtbar in ihrem Wäldchen, von Efeu und wildem Wein überwuchert.

Wer die Kirche hat erbauen lassen, wann und unter welchen Umständen, weiß leider niemand. 1260 wird sie zum letzten Mal in einem Dokument nicht erwähnt, 1280 scheint sie zum ersten Mal in einem auf. Ein frühgotischer Bau also, wie man auch an den Mauerresten unschwer erkennen kann. Die Seelsorge obliegt der Pfarre von Pyhra. Am 13. August 1388, Tag des heiligen Hyppolyt, Namenspatron von St. Pölten, verpflichtet Pfarrer Nikolaus sich und seine Nachfolger, jeden Samstag eine Messe zu Ehren der heiligen Cäcilia zu lesen. Wofür er einen Gutshof erhält, jährlich zu Michaeli neun Pfund und dazu zwei Gänse, 18 Käse, vier Faschinghühner und 60 Eier.

Beim zweiten Türkensturm 1683 hausen wilde Osmanen in der Kirche und richten großen Schaden an. Den Garaus aber macht ihr Kaiser Joseph II. Er hebt die Cilli vermutlich 1780 als überflüssig auf. Außerdem führt er die Dachsteuer ein – was die Besitzer dazu veranlasst, sie abzudecken und dem Verfall preiszugeben.

27 Meter lang und acht Meter breit, ragen ihre Grundmauern sieben Meter empor, trotzig, wie der massive Turm. Den Altarraum im Osten trennt ein Scheidebogen vom Kirchenschiff, aus dem ein stattlicher Baum wächst; seine Äste bilden mit dem Geäst der Bäume, die von draußen hereinragen, ein imaginäres Gewölbe. Die Cilli ist die einzige Kirche in Österreich, die jemals der heiligen Cäcilia geweiht wurde. Sie habe, so die Legende, bei ihrer Hochzeit laut zu den Klängen der Orgel gesungen. Das stimmt zwar nicht ganz, denn im lateinischen Original heißt es »Sie sang, während die Instrumente spielten, in ihrem Herzen dem Herrn allein«. Dennoch wurde sie zur allseits verehrten Patronin der Kirchenmusik.

Adresse Nähe Perersdorf 16, 3071 Perersdorf | **Anfahrt** A 1 Ausfahrt Böheimkirchen, L 5090 bis Perersdorf 16 (Hofzufahrt) nehmen, links der Allee bis zur Ruine folgen | **Tipp** In der Pfarrkirche Pyhra, der bedeutendsten frühgotischen Kirche des Landes, läuten angeblich noch Glocken aus St. Cäcilia, die Elferin und das Totenglöcklein.

63 Das Alte Posthaus
Datenschutz im Barockzeitalter

Hoch und heilig haben sie geschworen, es allzeit zu wahren: das Postgeheimnis. Der heilige Matthäus, rechts vom Tor, trägt einen Geldbeutel, und sein Mund ist buchstäblich: versiegelt. Auch der heilige Herväus zu seiner Linken garantiert, dass der Inhalt der Briefe streng geheim bleibt: Er wurde blind geboren und kann sie gar nicht lesen.

Seit bald drei Jahrhunderten stehen die beiden Heiligen hier, mittlerweile leider auf verlorenem Posten. Das Alte Posthaus, das sie auftragsgemäß bewachen, ist ein *Lost Place*. Zwar steht es unter Denkmalschutz, doch der schützt bekanntlich höchstens vor Abriss, keineswegs aber vor dem Verfall. Dieser schreitet unaufhaltsam fort. Einst muss das dreiflügelige Gebäude mit dem skulpturenge-schmückten Innenhof ein wahres Schmuckkästchen gewesen sein. 1722 wird es erstmals als Posthaus erwähnt. Vermutlich wurde ein kleiner Adelssitz einfach umfunktioniert.

Perschling, schon in römischer Zeit eine Straßenstation, ist die vierte Poststation auf der Straße von Wien über St. Pölten nach Linz. Die Stationen sind etwa 15 Kilometer voneinander entfernt, zwei Stunden Fahrzeit mit der Postkutsche. So eine Poststation ist ein wichtiger Ort. Pferde müssen verpflegt und gewechselt werden, Hufe beschlagen und Kutschen repariert. Fahrgäste und Personal können sich laben und übernachten. Natürlich werden auch Briefe und Pakete befördert, und Diskretion wird zumindest theoretisch garantiert. Wer immer mit dem Briefwesen zu tun hat, wird ver-eidigt. Das »Unterschlagen, Erbrechen oder die Aushändigung in fremde Hand« ist unter strenge Strafe gestellt. Das ist mehr, als ein Brief- oder Paketempfänger heute von der teilprivatisierten, gewinn-maximierten Post erwarten kann.

Als neues Posthaus in Perschling fungiert – die Tankstelle. Sie erfüllt dem Alten Posthaus gar nicht unähnliche Aufgaben, wenn auch ästhetisch weniger ansprechend.

Adresse Thalheimer Straße 2, 3142 Perschling | **Anfahrt** B 1 bis Perschling folgen | **Öffnungszeiten** nur von außen | **Tipp** Im Heimatmuseum im renovierten Gemeindeamt (Hauptstraße 21) sind interessante Objekte und Informationen zur Orts- und Postgeschichte zu finden (Tel. 02784/2356).

64 Die Alte Perschling

Der Weg ist das Ziel

Nur nicht ankommen! Zumindest nicht auf dem kürzesten Weg. Gemächlich mäandert die Perschling durch Ackerfluren und Wiesenteppiche, in kleinen und großen Schlingen, wie es ihr gefällt und wie es sich eben so ergibt. Sie prägt Dörfer und streift alte, in Löss gegrabene Kellergassen. Bei Weinzierl passiert sie das malerische Schloss Au-Mühle. Hier und im nahen Schloss Atzenbrugg war einst Franz Schubert zu Gast. Ob er beim Komponieren seiner bittersüßen »Schönen Müllerin« wohl das Bild der Perschling vor sich hatte? Sie hielt viele Mühlräder am Laufen, ehe in den 1920ern das Zeitalter der Regulierung ausbrach. Jeder Fluss, der jemals über seine Ufer getreten war oder dies womöglich tun hätte können, wurde in seine Schranken gewiesen, gnadenlos begradigt, zugeschüttet, kanalisiert. Auf wundersame Weise ließ man der Perschling teilweise ihren natürlichen Lauf. 1991 wurde die kostbare Flusslandschaft, als eine der letzten in ihrer Ursprünglichkeit erhalten, zum »Natur-Denkmal Alte Perschling« erklärt.

Wie vor Jahrhunderten schlingt sie sich fort, duckt sich tief, beinahe unsichtbar unter dichtem, wildem Ufergehölz, in einer Vielfalt, die ihresgleichen sucht: Trauerweide, Schwarzpappel, Robinie, Stieleiche, Spindelstrauch, Weißdorn. 3.000 Arten von Insekten leben zu Wasser und zu Land. Den Fluss bevölkern Zander, Hechte, Aale, Forellen, Karpfen, Welse, Barben, Krebse. Dass das Gewässer seit jeher Schalentiere beherbergt, davon zeugt das Alte Posthaus (siehe Ort 63), wo man Muscheln als Zierelemente über den Westfenstern eingemauert findet.

Parallel zur Alten Perschling durchschneidet, mit zeittypischen Betonfachwerk-Brücken dekoriert, ein vom Fluss abgezweigtes Hochwassergerinne die Felder, ein trauriges, lebloses Rinnsal. Es ist sieben Kilometer lang. Die Alte Perschling hingegen mäandert elf Kilometer, in 21 Schlingen. Ein lehrreiches Nebeneinander von Vorher und Nachher.

Adresse zwischen Sappertbrücke, 3043 Atzenbrugg und 3142 Langmannersdorf | **Anfahrt** B 1 folgen | **Tipp** Auf dem Schusterberg wurden 1945 in den letzten Kriegstagen 13 als Flakhelfer zwangsrekrutierte 16-jährige Wiener Gymnasiasten erschossen (Gedenkkreuz). Das Schubert-Museum im stimmungsvollen Schloss Atzenbrugg kann nach Voranmeldung besichtigt werden (Tel. 0664/99295444, www.schubertiaden-atzenbrugg.at).

65 Das Althann-Mausoleum
Erinnerung an goldene Zeiten

Ein rostender Zaun, Torpfeiler ohne Tor, Steinvasen ohne Blumen, malerisch von Efeu umrankt; im verwilderten Garten führt eine Freitreppe, von Gras überwuchert, zu einem imposanten Zentralbau. Mitten im Nirgendwo steht das Mausoleum der Familie Althann, 1897 neobarock entworfen vom Theophil-Hansen-Schüler Ludwig Richter. Warum ausgerechnet hier?

Das Adelsgeschlecht der Althanns lässt um 1600 unterhalb der Pfarrkirche ein Wasserschloss im Stil der italienischen Renaissance errichten. So prunkvoll, dass man es Goldburg nennt. Später erstrahlt es im schmucken Barockgewand. Seine größte Pracht jedoch entfaltet es unter dem einflussreichen Grafen Gundaker Ludwig von Althann. Er ist Hofkriegsrat und kaiserlicher Hofbaudirektor, direkter Vorgesetzter des Hofbaumeisters Johann Bernhard Fischer von Erlach. Die Goldburg gilt nun als das größte und schönste Schloss der Monarchie. Außerhalb von Wien, versteht sich. Zu den glanzvollen Festen erscheint höchste Prominenz, allen voran Althanns Gönner Kaiser Karl VI. 1809 finden die Feste ein jähes Ende. Französische Truppen werden einquartiert, und nach einem Saufgelage liegt frühmorgens ein Soldat tot im Schlosshof – der Verdacht fällt auf die Gastgeber. Der Kommandeur fackelt nicht lange und lässt das Schloss in Brand stecken. Die Einfriedung und einige Steinfiguren im Park stehen noch, sonst liegt alles in Schutt und Asche. Die Familie übersiedelt ins Zweitschloss Zwentendorf, die Goldburg wird nie wieder aufgebaut.

Die neobarocke Gruftkapelle lässt Robert von Althann später wohl zur Erinnerung an den Sitz seiner Ahnen errichten. Obwohl längst schon leer, wird sie bis heute von zwei steinernen Heiligen bewacht. Elisabeth und Borromäus sind wirklich barock. Sie stammen aus der Hand des berühmten Laurenzo Mattielli. Ihr ursprünglicher Standort ist ungewiss. Vielleicht sind sie gar Zeugen der Glanzzeit von Schloss Goldburg – wer weiß?

Adresse Althannstraße, 3142 Perschling/Murstetten | **Anfahrt** S5 bis Tulln, B 19 und L 2223 nehmen, in Murstetten Obere Hauptstraße bis Althannstraße folgen | **Öffnungszeiten** frei zugänglich | **Tipp** Entlang der Schlossmauer an der Hauptstraße erhascht man da und dort einen Blick auf das verwilderte Goldburg-Gelände.

66 Der Doppelkarner
Südliche Impressionen

Hat sich da etwa ein Trullo ins Triestingtal verirrt? Das höchst ungewöhnliche Bauwerk, dessen doppelte Rundungen sich nördlich der Kirche in die wehrhafte Ummauerung des einstigen Friedhofs einfügen, sieht nämlich genau so aus: wie die typischen Häuschen in Alberobello in Apulien. Diese allerdings beherbergen die Lebenden, während der Karner im 12. Jahrhundert für die Toten errichtet wurde. Der Friedhof rund um die ursprünglich romanische Kirche war klein – zu klein. Also grub man die Gebeine der Toten nach einer angemessenen Zeit der Verwesung wieder aus und schichtete sie platzsparend aufeinander – im Untergeschoß, auch Ossuarium oder Beinhaus genannt. Das Obergeschoß hingegen war Andachtsraum für Totenmessen. Das Gebäude, selbstbewusst und in sich ruhend, hält unerschütterlich die Stellung – im Gegensatz zur Kirche Maria Trost im Elend, von der sich aus der Romanik nur mehr das Untergeschoß des Turms erhalten hat. Aus der Gotik stammt eine geostete Seitenkapelle mit einem Sakramentshäuschen.

Der Grundriss des Karners ist kreisrund mit halbkreisförmiger Apsis. Die kegelförmigen Dächer sind bauchig, verschieden hoch, getrennt aus Bruchsteinwerk gemauert und mit Schindeln gedeckt. Ganz oben sitzt je eine steinerne Kugel. Ansonsten fehlt außen jeglicher Schmuck. Im Kapellenraum finden sich Reste von Fresken, die farbenprächtig gewesen sein müssen; in der Apsis lässt sich immerhin die Figur eines Bischofs erahnen.

Die Pottensteiner sind zu Recht stolz auf das einmalige Bauwerk – das älteste dieser Art in ganz Österreich. Und so hat es Eingang in das Marktwappen gefunden. In einem durch eine silberne Mauer von Grün auf Rot geteilten Schild prangt ein silberner Doppelkarner mit Kegeldächern und schwarzen Fenstern.

Als man im Jahr 1787 am Ortsrand einen neuen Friedhof errichtete, begrub man auch sämtliche alten Knochen dort. Das Beinhaus ist also heute – gebeinfrei.

Adresse Hainfelderstraße 3, 2563 Pottenstein, www.pfarre-pottenstein.at | Anfahrt
A 2 Ausfahrt Leobersdorf, B 18 bis Pottendorf folgen | Öffnungszeiten von außen jederzeit
zugänglich | Tipp Ein sehenswertes, schön renoviertes Industriedenkmal, die 1840 erbaute
Alte Tuchfabrik, beherbergt Straßenmeisterei und Feuerwehr (Hainfelder Straße 49).

67__Raimunds Sterbehaus

Auf den Hund gekommen

Im Mai 1836 gibt Ferdinand Raimund (46) als Valentin in seinem »Verschwender« ein Gastspiel in Hamburg. Für den Sommer zieht er sich vom anstrengenden Theaterleben nach Gutenstein zurück. Der Schauspieler und Bühnendichter hat in seiner Lieblingsgegend zwei Jahre zuvor ein Landhaus erworben, dazu Garten, Ackerland und ein Stück Wald, durch das angenehme Spazierwege führen. Ideal zum Dichten und Denken. Ein Bild verfolgt ihn jedoch seit Jahren, selbst hier kann er sich nicht davon befreien: Er sieht sich nach einem Hundebiss an Tollwut sterben.

Am 25. August spielt er im Hof seines Hauses mit seinem Hund, der ihn in die Hand beißt. Eigentlich ist es nur ein Kratzer. Panik befällt Ferdinand. Beunruhigt reist er mit seiner On-Off-Freundin Antonie Wagner wie geplant nach Mariazell. Sein Hund soll inzwischen genau beobachtet werden! Dieser habe, so berichtet man ihm bei seiner Rückkehr, ein Mädchen gebissen. Woraufhin er erschossen worden sei. Zur Sicherheit. Ferdinand fährt mit Antonie sofort nach Wien: Vielleicht können ihn die Ärzte noch retten? Er kommt nur bis Pottenstein, ein Unwetter zwingt zur Übernachtung im Gasthof Zum Goldenen Hirschen. Ferdinands Furcht vor der Tollwut steigert sich gewaltig. Schreckensbilder vom Unausweichlichen quälen ihn: Krämpfe, Halluzinationen, Atemlähmung, Tod. Er schickt Antonie aus dem Zimmer und schießt sich in die Mundhöhle. Allerdings so unglücklich, dass er unter großen Schmerzen noch fünf Tage lebt. Lang genug, um sein Tun bitter zu bereuen.

Der aus Baden herbeigeeilte Wundarzt Anton Rollett kann nichts mehr für den Dichter tun – für die Wissenschaft schon. Er nimmt die Hirnschale mit! Zu Forschungszwecken (siehe Ort 9). Und so wird Ferdinand fast kopflos in Gutenstein begraben. 133 Jahre später wird auch die Schädeldecke feierlich beigesetzt.

Möge der Goldene Hirsch uns ewig erinnern: Zu Tode gefürchtet ist auch gestorben.

Adresse Hauptplatz 6, 2563 Pottenstein | **Anfahrt** A 2 Ausfahrt Leobersdorf, B 18 bis Pottendorf folgen | **Öffnungszeiten** nur von außen | **Tipp** Auf dem Hauptplatz steht der Dichter mit einem Hobel, wie Valentin im »Verschwender«. Angeblich aß er noch vor seinem Tod seine Lieblingsspeise – Gaadner Schmarrn. Zutaten: drei Eier, zwei Esslöffel Milch, 40 Gramm Mehl, eine Prise Salz. Zubereitung: Dotter, Milch, Mehl und Salz verrühren. Schnee schlagen, unter den Teig ziehen. In einer Pfanne Fett erhitzen, Masse hineingeben, in vier Nocken teilen, auf allen Seiten goldbraun backen, mit Staubzucker servieren.

68 Das Aquädukt Brentenmais

Drunter, drüber und drinnen – alles fließt

Drinnen fließt frisches Hochquellwasser aus dem steirischen Hochschwabgebiet, mit etwa fünf Kilometern pro Stunde; unten fließt mit 50 Kilometern pro Stunde der Nahverkehr durch die wasserführenden Bögen; und oben brausen die Autos vierspurig mit 130 Kilometern pro Stunde auf der A 1, die den weiten Talübergang Brentenmais überbrückt und das Aquädukt kreuzt.

Ob das Blut dessen, der in 24 Metern über das höchste Aquädukt der II. Wiener Hochquellenleitung spaziert, noch fließt oder schon in den Adern gefriert, ist fraglich. Denn obwohl der Weg mehrere Meter breit ist und an beiden Seiten durch Geländer gesichert, stellt sich ein Gefühl ein, als würde man auf einem Schwebebalken balancieren, während man von einem Ende zum anderen geht und daran denkt, dass man die 142 Meter ja auch wieder zurückmuss. Schwindelfreiheit ist unerlässlich. Am besten begnügt man sich sicherheitshalber damit, den vorgelagerten pittoresken und denkmalgeschützten Einsteigturm 109 zu bewundern, bleibt vorschriftsmäßig vor dem Gatter stehen und lässt die beiden gewaltigen Bauwerke aus sicherer Entfernung auf sich wirken. Selbst da wird einem schon ein wenig mulmig zumute.

Dabei besteht gar kein Grund zur Sorge. Die Erfahrung mit den reparaturanfälligen Ziegelbauten der 1873 fertiggestellten I. Hochquellenleitung floss nämlich in die zweite, von 1900 bis 1910 erbaute, ein. Das Aquädukt Brentenmais steht deshalb auf einem soliden Betonfundament und ist, wie alle Bauwerke der II. Hochquellenleitung, aus heimischen Steinquadern errichtet worden. Das sieht nicht nur schön aus, sondern erweist sich auch als äußerst robust.

Einen Steinwurf entfernt hat Johannes Brahms in einem bescheidenen Haus einen ganzen Sommer lang gewohnt und sein Klavierkonzert Nr. 2 in B-Dur komponiert. Das war allerdings schon 1881; so konnte weder das Aquädukt noch die Autobahn einfließen.

Adresse Brentenmaisstraße, 3013 Pressbaum/Brentenmais | **Anfahrt** A 1 Ausfahrt Pressbaum, B 44 bis Brentenmais folgen | **Tipp** Im Gemeindegebiet von Pressbaum findet man weitere malerische Aquädukte, Einsteigtürme, Zugangsstollen und Ein- und Auslaufkammern. Unmittelbar nach der Autobahnabfahrt liegt am Hang der eindrucksvolle sowjetische Soldatenfriedhof mit sieben Massen- und elf Einzelgräbern.

69___Das Römergrab
Ein Legionär im Ruhestand

Der Weg, der uns rückwärts führt, in eine Zeit vor unserer Zeit, wird schmäler, und der Wald verdichtet sich. Kelten und Illyrer haben sich hier niedergelassen, Jahrhunderte bevor die Römer von Süden in den Wienerwald vordringen und die ansässige Bevölkerung friedlich romanisieren.

Die Vegetation mag etwas anders ausgesehen haben, im 2. nachchristlichen Jahrhundert. Niedrigere Bäume, Buschwerk, Gras und Felder prägen die Landschaft, als ein namenloser Römer, vermutlich ein Legionär im Ruhestand, nach dem Tod eingeäschert und in einem Hügelgrab bestattet wird. Auf freiem Feld vermutlich, denn das Klima im Wienerwald ist damals trockener und wärmer.

Der gar nicht original römische Laubmischwald dämpft Licht und Schritte; man folgt der spärlichen Markierung, erst rot, dann blau; erwartet weitere Spuren, Hinweise – vergeblich; an normalen Wochentagen begegnet man niemandem und kann nur sich selbst nach der Richtigkeit des Weges fragen. Allmählich überwiegen die Nadelbäume, im Buchenmischwald, und da endlich taucht unvermittelt ein alter Holzwegweiser auf: Zum Römergrab.

Ein mit Steinen befestigter Zugang führt in den mit Efeu überwucherten Hügel. Ein ziemlich großer gemauerter Raum – das muss die Grabkammer sein. Man kann hineinsehen, wenn man sich bückt. Die Gitterstäbe soll sie vor Räubern sichern, obwohl – sie ist leer. Viel zu rauben gab es schon in den 1920ern nicht, als Julius Caspart, pensionierter Offizier und Prähistoriker, das Grab freigelegt und archäologisch untersucht hat. Neben der Urne und ein paar Münzen fand er angeblich Pflanzenornamente an den Wänden. Heute sind diese kahl. Auch sonst kam es bei der Renovierung in den 1960ern zu einer gewissen Ruinierung. Doch was ändert das schon an der Einzigartigkeit des Ortes? Der unscheinbare Hügel in der Ruhe der Waldeinsamkeit erzeugt die perfekte Illusion, in einer anderen Zeitenwelt gelandet zu sein.

Adresse In der Au 1, 3443 Pressbaum/In der Au | **Anfahrt** A 1 Ausfahrt Pressbaum, B 44 und Weidlingbachstraße / L 123 nehmen, gegenüber Gasthaus parken, in Fahrtrichtung bis Abzweigung Römergrab gehen, Markierung folgen (40 Minuten) | **Tipp** In der Nähe des Grabes findet man Grenzsteine aus 1677 und 1743.

70 Das Kaiserbründl

Imperiales Kaffeewasser

Als Sisi (45) auf einem Frühlingsspaziergang am Pfalzberg Rast macht, um sich mit Wasser zu laben, sieht es hier ganz anders aus als heute. An jenem denkwürdigen 24. April 1882 ist die Ursprungsquelle der Wien noch nicht einmal in Stein gefasst. Der Legende nach befindet die Kaiserin, die wieder einmal inkognito unterwegs ist und dennoch erkannt wird, das Quellwasser der Wien auch ungefasst so wunderbar frisch, dass sie es sich immer wieder von Reitern nach Schönbrunn bringen lässt. Vermutlich nicht das ganze Jahr über, denn nur im Frühjahr sprudelt das Wasser hier normalerweise in ausreichender Menge. Sisis Kaffee jedenfalls schmeckt damit einfach unvergleichlich.

Erst 1888 wird die Quelle in Naturstein gefasst, 25 Jahre später fügt ein gewisser Josef Prinz, Chefmodelleur des Wiener Hauptmünzamtes, ein bronzenes Froschmaul hinzu. Dieses geht bei der Neufassung 1957 leider verloren. Stattdessen wird eine Marmortafel angebracht, zur Erinnerung an den legendären Spaziergang der Kaiserin. Genau genommen müsste es ja Kaiserin-Bründl heißen, doch der Berg samt Quelle hat schon lange vor Sisis Zeiten Kaiserbrunn geheißen. Warum auch immer.

Eigentlich ist es die Dürre Wien, die hier in einer Höhe von 520 Metern entspringt. Mit der Kalten Wien wird sie zur Wien und mündet in Wien in die Donau. Ihr gesamter Lauf ist nur 34 Kilometer lang. Heute ist sie ein unbedeutendes und wenig attraktives Gerinne, kaum würdig, einer so bedeutenden Stadt ihren Namen gegeben zu haben. Erst wenn man sie auf alten Bildern betrachtet, versteht man ihre Geschichte. Vor ihrer Regulierung im Jahr 1898 war sie wild und schön; mächtig und auch gefährlich, wenn sie über die Ufer trat. Sie prägte und bestimmte das Bild der Stadt. Heute bleibt uns als kleines Souvenir an ihre glanzvollen Zeiten nur mehr der Wiener Stadtpark, durch den sie hindurchplätschert, harmlos und dekorativ.

Adresse Pfalzberg, 3021 Pressbaum/Pfalzau | **Anfahrt** A 1 Ausfahrt Pressbaum, B 44 Richtung Wien folgen, in Pressbaum auf Pfalzauerstraße abbiegen, bei Pfalzberg 8 parken, Wegweiser folgen | **Tipp** Der 1637 erbaute Steinerhof (Pfalzberg 18) heißt seine Gäste ganzjährig (Do–Mo ab 11 Uhr) willkommen (www.steinerhof-pressbaum.at).

KAISERBRÜNNDL
WIENFLUSSQUELLE
KAISERIN ELISABETH BESUCHTE AM 23.4.1882
DIESE QUELLE

VFV PRESSBAUM

71 Der Bahnhof Rekawinkel

Schmuckstück aus Kaiserinnenzeiten

Bei den ÖBB fand man die Idee: kurios! Um nicht zu sagen lächerlich. Zum 150-jährigen Jubiläum schlug ein Salzburger Vizebürgermeister vor, der Westbahn, also der Bahnstrecke Wien – Salzburg – München, den Namen zurückzugeben, unter dem sie am 12. August 1860 eröffnet worden war. Allen Ernstes! Kaiserin-Elisabeth-Bahn! Nein so was! Kein Mensch würde die gute alte Westbahn unter diesem Namen wiedererkennen. Die Fahrgäste wären ohne die Angabe der Himmelsrichtung orientierungslos! Allesamt: verloren.

Die Sache verlief erwartungsgemäß im Sand. Was manche bedauern mögen.

Bei ihrer Eröffnung sahen alle Bahnhöfe entlang der Strecke, nach dem Ende der Monarchie 1918 panisch in »Westbahn« umbenannt, so schön aus. Doch nur Rekawinkel blieb genau so erhalten, wie Kaiserin Elisabeth alias Sisi *ihre* Bahn erlebt hat. Vielleicht weil der Bahnhof ausreichend unbedeutend war? 1858 erbaut, wurde er 2018 generalsaniert und erstrahlt nun neu in altem Glanz. Das schlichte frühhistorische Aufnahmegebäude samt Nebengebäuden, die Übergangsbrücke auf Gusseisensäulen zum dunkelgrün gestrichenen hölzernen Wartehäuschen in der Gegenrichtung – alles im Originalzustand.

Bis heute hält sich hartnäckig das Gerücht, die Linie sei nur gebaut worden, damit Sisi ihre Familie in Bayern besuchen konnte. Doch die Geschichte bestätigt dies – nicht. Österreich und Bayern hatten schon 1851 einen Staatsvertrag abgeschlossen, in dem Österreich sich verpflichtete, zwischen den beiden Ländern Eisenbahnen zu errichten. Niemand konnte ahnen, dass der Kaiser sich zwei Jahre später in Bad Ischl in seine erst 15-jährige bayerische Cousine verlieben würde. Die Verwirklichung des Vorhabens allerdings freute Sisi sehr. Sie war der allererste Fahrgast. Noch vor der offiziellen Einweihung durch Kaiser Franz Joseph und Maximilian II. von Bayern nützte sie *ihre* Bahn, um ihr geliebtes Possi alias Possenhofen zu besuchen.

Adresse Hauptstraße, 3031 Pressbaum/Rekawinkel | **Anfahrt** A 1 Ausfahrt Pressbaum,
B 44 bis Rekawinkel Bahnhof folgen | **Tipp** Gleich nach dem Bahnhof verschwindet der
Zug im Rekawinkler Tunnel (307 Meter). Die in Quadermauerwerk gebauten Portale
tragen die Jahreszahl 1858 und sind mit Löwenköpfen und Türmchen verziert.

72__Das Franz-Ruhm-Denkmal

Ein Koch schreibt Fernsehgeschichte

Kochen im Fernsehen – anno 1955 eine Sensation. »Küss die Hand, meine Damen, Verehrung, meine Herren!« So begrüßt der erste Fernsehkoch der Fernsehgeschichte seine Zuseher – und vor allem: -innen.

Blätterteig aus dem Kühlregal? Utopie! Die Hausfrau sitzt mit Block und Bleistift vor dem Schwarz-Weiß-Gerät. Den zarten Schlafrock, in den am Ende zwei Würstchen gehüllt werden, muss sie vom Butterziegel weg selbst machen. Vor laufender Kamera demonstriert Franz Ruhm jeden Handgriff. In Echtzeit. Das dauert eine halbe Stunde. »Unter sanftem Druck wird der Teig mit dem Rollholz in die Länge und in die Breite gerollt. Da lacht das Herz der Hausfrau, wenn es gelingt – und es wird gelingen!« Hat sie etwas verpasst, weil sie zugleich das Abendessen kocht? Auf YouTube kann sie zwar nicht nachsehen, doch immerhin in einem von Ruhms Monatsheften »Wiener Küche« oder in seinem »Kochbuch für alle«. Ruhm ist nicht nur TV-Starkoch und Radio-Star, sondern auch Autor, Herausgeber und Verleger. Schon zu Lebzeiten wird der 1898 in Brunn geborene Purkersdorfer zur Legende. Seine klassisch-österreichischen Rezepte werden seit Generationen weitergegeben und bis heute neu aufgelegt. Er hat auch Zeitgeschichte geschrieben, als Zeuge einer Zeit, in der man von dieser, im Gegensatz zu heute, noch sehr viel hatte.

»Schinkenschöberl à la Ruhm« im Zeitraffer: zwei Eiweiß mit etwas Salz steif schlagen, 60 Gramm fein gehackten Schinken, dann zwei Eidotter unterrühren, 40 Gramm Mehl unterheben, fingerdick auf ein mit Backpapier belegtes Blech streichen, bei 200 Grad backen, stürzen, in Rhomben schneiden. Wer zwei Stunden Zeit hat, kann die Ruhm-Schöberl in einer selbst gekochten Kraftsuppe à la Ruhm servieren. Allen anderen sei zumindest eine ruhmwürdige Suppe aus dem Glas empfohlen. Denn bestimmt hätte der TV-Star, würde er in unserem Jahrtausend leben, seine eigene: Gourmet-Edition.

FRANZ
RUHM

KLASSIKER DER
WIENER KOCH
KUNST

KUECHEN
CHEF UND SCHRIFT
STELLER

BUERGER
UND FREUND UNSE
RER WIENERWALD
STADT

LEBTE UND
WIRKTE IN
PURKERSDORF

Adresse Franz-Ruhm-Gasse, 3002 Purkersdorf | **Anfahrt** B 1 und B 44 bis Anton-Gotsch-Gasse folgen | **Tipp** Auf der Feihlerhöhe erinnert ein Gedenkstein an den Dichter Josef Weinheber (siehe Ort 33), der hierorts seine Kindheit verbrachte. In der Wiener Straße 64 steht das Sanatorium Purkersdorf, Hauptwerk der kubisch-geometrischen Phase des Wiener Jugendstils (1904–1906), durchgestylt von Josef Hoffmann.

73 Leopold und Wolfgang

Eine letzte Begegnung

Am Montag, den 25. April 1785 nach dem Mittagessen »en famille« im Goldenen Adler verabschiedet sich Leopold Mozart (65) von seinem Sohn Wolfgang (29) – sehr herzlich und ohne zu wissen, dass sie einander nie wiedersehen werden. Am Vorabend haben die beiden in der Freimaurerloge »Zur gekrönten Hoffnung« der Aufführung von Wolfgangs neuer Kantate »Die Maurerfreude« beigewohnt. Krönender Abschluss eines mehrwöchigen Aufenthalts Leopolds bei Wolfgang und Constanze in der schicken Wohnung in der Domgasse. »Wir sind endlich am 25ten dieses um halbe 11 uhr von Wienn, in gesellschaft deines Bruders und seiner Frau abgereist, haben in Burkerstorf zusammen Mittags gespeist, sie sind nach Wienn zurück, und wir schliefen in St: Pölten, und waren um 7 uhr abends, den 26ten in Lintz.« (Leopold an Nannerl)

Purkersdorf ist ein wichtiger Verkehrsknotenpunkt. Man wechselt Pferde und Kutschen und sorgt für das leibliche Wohl. Seit 1558 gibt es die Alte Poststation, die erste außerhalb von Wien, seit den 1770ern liegt sie an der neu ausgebauten Reichs-Hauptpoststraße Wien–Linz. 1805 wird Napoleon hier übernachten.

Den Goldenen Adler (jetzt »Nikodemus«) haben Leopold und Wolfgang angeblich trotz Umbauten wiedererkannt, als sie sich nach 232 Jahren an selbigem Ort posthum begegnet sind: Der Bildhauer Dragutin Santek hat den Moment ihres Abschieds eingefangen und in Bronze gegossen. Vater und Sohn reichen einander bis in alle Ewigkeit die Hände, unweit der Alten Poststation, dem Gasthof und dem Meilenstein aus dem 19. Jahrhundert. Nach St. Pölten sechs Meilen? Leopold muss sich sputen! In österreichischen Postmeilen zu je 7,6 Kilometern sind das noch 45 Kilometer! Bei einer Geschwindigkeit von sieben Kilometern pro Stunde und Zwischenstopps in Sieghartskirchen und Perschling (siehe Ort 63) wird die Kutsche wohl noch sechs oder sieben Stunden unterwegs sein. Geht sich da noch ein spätes Nachtmahl aus?

Adresse Hauptplatz, 3002 Purkersdorf | **Anfahrt** B 1 folgen, in Purkersdorf Linzerstraße bis Hauptplatz nehmen | **Tipp** In der ehemaligen Wasserburg steht in einer Auslage die denkmalgeschützte Postkutsche. Das »Nikodemus«, bis heute ein Promi-Lokal, bietet regelmäßig musikalische Veranstaltungen (www.nikodemus.at).

74___Der Schöffel-Obelisk

Kampf dem Staatsgüter-Verschleuderungs-Bureau!

»Als der Kapitalismus in seiner Gier die Krallen nach dem Wiener-walde ausstreckte«, schreibt die »Mödlinger Zeitung«, »hat Schöffel als Einziger mit wenigen Getreuen den Riesenkampf gegen den Feind gewagt!« Und gewonnen. Dabei scheint es 1870 schon beschlossen: Der Wienerwald wird entwaldet. Der Vertrag über eine Massenfällung von 750.000 Kubikklaftern überlässt sämtliche Rechte dem Wiener Holzhandelsunternehmen Moritz Hirschl. Nach dem verlorenen Krieg gegen Preußen ist die Staatskasse leer. Schon 1863 hat ein »Staatsgüter-Verschleißbureau« begonnen, Berg- und Eisenwerke, Ländereien und Wälder – eigentlich im Besitz aller Staatsbürger und vom Staat nur verwaltet – zu Geld zu machen. Vielmehr: zu verschleudern. Denn die privaten Käufer nützen die Notlage des Staates weidlich aus. Die Wienerwald-Gemeinden bleiben ungehört, Reichsrat und Presse schweigen.

Ein Einziger erhebt seine Stimme: Josef Schöffel (38), einst Offizier, jetzt Geologe und Journalist. Mit Unterstützung des Herausgebers des »Wiener Tagblatts« Moriz Szeps startet er eine Kampagne, mobilisiert die öffentliche Meinung. Er ist integer. Unbestechlich. Sein hartnäckiger Feldzug gegen Korruption und Ausverkauf von Staatseigentum trägt ihm Morddrohungen ein. Dazu fünf Klagen wegen »Herabwürdigung von Verfügungen der Behörden«. Sie werden abgewiesen. Am Ende rollen Köpfe. Der verantwortliche Beamte wird suspendiert, in einer Nacht-und-Nebel-Aktion unterschreibt er dennoch die Hirschl'schen Verträge. Sie werden annulliert.

Die Wienerwald-Gemeinden sind ihrem Retter so dankbar, dass sie ihm schon 1873 ein Denkmal setzen.

Schöffel ist nun berühmt. Er wird Mitglied des Reichsrats und Bürgermeister von Mödling. Seinen Freund Josef Hyrtl regt er an, ein Waisenhaus zu stiften (siehe Ort 54). Er führt es mit strenger Hand nach dem Vorbild einer Kadettenschule. Berühmtester Zögling: der Dichter Josef Weinheber (siehe Ort 33).

ZUR
bleibenden Erinnerung an
JOSEF SCHÖFFEL
dem muthigen und uneigennützigen
Retter und Beschützer
des
WIENER WALDES
zu Ehren seines siegreichen Kampfes
in der Sache des Rechtes und der
Wahrheit während der Jahre
1870 – 1872,
Zum Sporne und Beispiele
für künftige Geschlechter
Gemeinschaftlich errichtet von
den Dankverpflichteten Gemeinden
des Wiener Waldes Bürgern
der Residenz und des Landes
im Juni 1873

Mehrmals schon renoviert und
im Gedenkjahr 1990 neu instandgesetzt
sei dieser Schöffel-Stein auch jetzt
Mahnmal und Ansporn im Schutz
für den bedrohten Wald!
Wienerwaldstadt Purkersdorf

Adresse Kellerwiese, 3002 Purkersdorf | **Anfahrt** B 1 und B 44 bis Kellerwiese folgen, am Straßenrand parken; am Sängerbrunnen rechts vorbei etwa eine Stunde dem markierten Pfad folgen | **Tipp** Der Rückweg führt an den Bieno-Bienenstöcken und an interessanten Info-Tafeln vorbei. Im Sommer hält Wienerwald-Imker Benno Karner hier seinen lehr- reichen »Offenen Bienenstock« ab (www.bieno.at).

75 Die Villa Pereira

»Ein Ort aus Jetzten«

In ihrem Atelier in einer verwunschenen Villa, seit mehr als 130 Jahren im Besitz ihrer Familie, verarbeitet die Künstlerin Stephanie Pflaum Versatzstücke aus dem Heute und Gestern zu ausgefallenen Objekten, betreibt ihr kreatives Spiel zwischen Schönheit und Verfall mit Fundstücken aus dem Alltag. »Ein Ort aus Jetzten« heißt bezeichnenderweise eine ihrer Installationen. Inspiriert wird die Schülerin von Christian Ludwig Attersee nicht zuletzt von dem außergewöhnlichen Ort, an dem sie arbeitet.

1846 beauftragt der Bankier Louis Pereira-Arnstein (43), Enkel der berühmten Wiener Salonière Fanny von Arnstein, die beiden Star-Architekten Christian Ludwig Förster (49) und Theophil Hansen (33) mit dem Bau einer Villa in Altenberg. Louis, selbst ambitionierter Maler und Zeichner, hat genaue Vorstellungen: Das Gebäude soll mit byzantinischen und arabischen Formen den Charakter des Romantischen ausdrücken. Die Vorgaben des Bauherrn verbinden sich in glücklicher Symbiose zu neuzeitlicher Architektur. Sie bleibt unverändert, als nach Louis' frühem Tod (1858) im Jahr 1866 Friedrich von Beust in die Villa einzieht, k. k. Reichskanzler und österreichisch-ungarischer Außenminister. Erst der nächste Besitzer, der Bankier Moritz Pflaum, nimmt 1889 größere Veränderungen vor. Unter anderem baut er die riesige Südterrasse zu einem Wintergarten um, als hätte er geahnt, dass seine Urenkelin Stephanie diesen 130 Jahre später in ein Atelier verwandeln würde.

Den Ersten Weltkrieg übersteht die Villa gut, im Zweiten wird sie, als sowjetisches Militärquartier, devastiert und nach 1945 als Kinderheim an die Volkshilfe vermietet. Seit den 1980er Jahren erobert die Familie Pflaum die Villa nach und nach zurück. Mit Unterstützung des preisgekrönten Architekten Hermann Czech wird alter Bestand renoviert, ergänzt und reframed. Die bewegte Geschichte des Ortes bleibt auf reizvolle Weise gegenwärtig.

Adresse Greifensteiner Straße 156, 3423 St. Andrä-Wördern/Altenberg | **Anfahrt**
B 14 folgen, im Interspar-Kreisverkehr rechts abbiegen, bis Greifensteinerstraße fahren |
Öffnungszeiten Das private Grundstück ist nur im Rahmen eines Atelierbesuchs nach
Voranmeldung zugänglich (s.pflaum@aon.at, www.stephaniepflaum.com). | **Tipp** Ein
frühhistoristischer Bau ist auch die Betkapelle Altenberg (Donaustraße/Hauptstraße).

76 Das Buschgettl

Vielleicht der schönste Ort der Welt

»Buschgettl« kommt angeblich aus dem Französischen: Bosquet, das Wäldchen. Wäldchen ist fast ein klein wenig übertrieben. Wandert man auf dem Hochplateau querfeldein, trifft man auf ein Grüppchen von Bäumen. Einer davon entpuppt sich als ganz und gar ungewöhnlich. Wohl an die 200 Jahre alt, mit fast schwarzen, ineinander verschlungenen Ästen und dunkelgrün pelzigen Blättern. Da entdeckt man die Früchte, vierlappig aufgesprungen: Bucheckern! Tja. Eine ganz »gemeine Buche« alias *Fagus sylvatica* also. So ungewohnt ist das Gewöhnliche schon, dass es uns ungewöhnlich erscheint.

Unter der Buche: ein Kasten. Wer ihn öffnet, findet: ein Buch. Ein Blank Book. Und wer es aufschlägt, kann darin Gedanken lesen oder selbst welche niederschreiben. Ein Tisch und eine Bank stehen einladend da. Die bloße Möglichkeit, Gedanken aufzuschreiben, regt dazu an, sie schweifen zu lassen, unbekümmert und frei. Viele nützen die Schreib-Gelegenheit, fast so, als hätten sie nur darauf gewartet. Verliebte, Einsame, Zweifelnde, Glückliche, Trauernde, Erwachsene und Kinder. Sobald im Buch keine Gedanken mehr Platz haben, wird es durch ein neues ersetzt.

Wenn die Luft klar ist und man den Blick nach Westen richtet, sieht man in der Ferne etwas schimmernd und glitzernd Sich-Schlängelndes. Nicht ungewöhnlich eigentlich, und doch – nie hätte man vermutet, ausgerechnet hier die Donau zu sehen. Ein erstaunlicher Ort. Fast wäre er 1927 in den Fluten eines gewaltigen Speichersees versunken, der für ein Pumpspeicherkraftwerk geplant war. Das ehrgeizige Projekt scheiterte jedoch an einem geologischen Sicherheitsgutachten.

Was für ein Glück! Findet zum Beispiel die kleine Marlene, die im Sommer 2015 ein lachendes Herz malt und schreibt dazu: »Das ist der schönste Ort, den wir je gesehen haben. Es ist unser Lieblingsort. Wenn wir hierherkommen, sind wir immer froh und vergessen alle Sorgen.«

Adresse Schlossgasse, 3422 St.Andrä-Wördern/Hadersfeld | **Anfahrt** B 14 bis Albrecht-straße, Holzgasse und Hauptstraße bis Schlossgasse folgen, parken; dem Feldweg links etwa zehn Minuten folgen | **Tipp** An der Hauptstraße (Ecke Feldgasse) steht ein besonders schönes Exemplar eines hölzernen Glockenturms aus 1924.

77 __ Der Tempelberg
Der letzte Berg der Alpen

Ehe der 1.200 Kilometer lange Alpenbogen an der Donau endet, erhebt sich auf seinem nördlichsten Zipfel in 403 Metern einer der schönsten Aussichtsberge des Wienerwalds – der Tempelberg. Um ihn ranken sich allerlei Legenden. Es sei dies ein uralter mystischer Kultplatz, sagt man, am höchsten Punkt einer Befestigungsanlage aus der frühen Keltenzeit, worauf ja schon der Name hinweise. Die frühe Besiedelung ist gesichert. Den Namen hingegen verdanken Berg wie Warte nicht der Frühgeschichte, sondern: der Romantik.

1803 lässt Johann I. Fürst Liechtenstein das Schlösschen Hadersfeld zu einem Schloss umbauen und einen romantischen Park anlegen, mit pseudoantiken Bauten. Da ragt etwa ein Obelisk aus einer angedeuteten Grotte; einige hundert Schritte westlich auf einer bis dahin namenlosen Anhöhe steht, entworfen von Joseph Hardtmuth, Architekt und Erfinder des Bleistifts, ein neogriechischer Tempel. Er wird für seine prächtige Aussicht berühmt, die allerdings nicht lange währt. Schon wenige Jahre später verschwindet sie im Dickicht des Waldes, der Tempel verfällt. An seiner Stelle wird am 27. September 1908 anlässlich des 60. Thronjubiläums von Kaiser Franz Joseph eine Warte eingeweiht, die einen mittelalterlichen Turm imitiert. Dr. Adolf Lorenz, berühmter Orthopäde und Vater des noch berühmteren Verhaltensforschers Konrad Lorenz (siehe Ort 38), hält die Festrede. Er wohnt in einer Villa in Altenberg am Fuße des Tempelbergs.

Der prächtige Blick von der Tempelbergwarte steht und fällt auch heute mit den Bäumen. Sind sie gestutzt oder unbelaubt, sieht man an klaren Tagen Rax und Schneeberg; die mittelalterliche Burg Greifenstein, die Donau und das Tullnerfeld sind zum Greifen nahe. Ein wunderbarer Ort. Das erkannte auch der Dichter Peter Engländer, er nahm sogar den Namen seiner geliebten Wahlheimat an: Altenberg. »Ihr reist fort? Wohin dann? Von euch fort vielleicht? Wozu also?«

Tempelberg-Warte
Renoviert vom Österreichischen Touristen-Klub.
Sektion Klosterneuburg.
1956

Adresse Schlossgasse, 3422 St. Andrä-Wördern/Hadersfeld | **Anfahrt** B 14 bis Albrecht-straße, dann Holzgasse und Hauptstraße bis Schlossgasse nehmen; dem Fußweg rechts vom Schloss folgen | **Öffnungszeiten** April–Okt. So, Feiertage 8–12 und 13–17 Uhr | **Tipp** Der Obelisk ragt immer noch empor, über einer künstlichen Grotte, von einem goldenen Stern gekrönt. An seiner Stelle stand einst ein römischer Wachturm (Specula).

78 Die Greifvogelstation
Könige der Lüfte

Greifvögel und Eulen sind gar nicht miteinander verwandt und haben doch viel gemeinsam. Krumme Schnäbel, Adleraugen und die Fähigkeit, sich ihrer Beute fast geräuschlos im Sturzflug zu nähern, um sie mit unglaublicher Präzision zu greifen, mit Krallen so spitz wie Dolche. In der größten privaten Greifvogelzuchtstation Europas kann man die schönen Tiere aus der Nähe betrachten – mitten in der Natur und doch gefahrlos, in Volieren, deren Größe auf die individuellen Bedürfnisse der Vögel abgestimmt ist.

Erwin Größinger und die FalknerInnen, die ehrenamtlich mit ihm arbeiten, wissen faszinierende Geschichten über ihre Schützlinge zu erzählen. Woher sie kommen, wie sie leben, wie alt sie werden können, was sie fressen, wie sie ihre Beute jagen. So manchen Vogel kann man sogar außerhalb seiner Voliere beobachten, wenn er auf der Hand eines Falkners oder einer Falknerin sitzt, wo er mit Hilfe einer Langfessel an den ledernen Falknerhandschuh gebunden ist.

Als Vogelliebhaber die Station in den 1970ern nach und nach aufbauten, wurden in der Zucht geborene Tiere noch ausgewildert, als Beitrag zur Erhaltung bedrohter Arten. Doch auf die Dauer war der Aufwand zu groß. Heute geht es darum, den Menschen das Wesen dieser ganz besonderen Tiere näherzubringen. 100 Exemplare von 30 verschiedenen Arten sind hier zu Hause, Wander- und Turmfalken, Bussarde, Käuzchen, Eulen, Uhus. Und natürlich die Könige der Lüfte – die Adler. Zum Beispiel das österreichische Wappentier: der Seeadler. Er ziert nicht nur das Staatswappen, sondern auch das Wappen von drei Bundesländern. Er wird bis zu 90 Zentimeter groß und kann seine Flügel fast 2,5 Meter ausspannen.

Früher war er in ganz Europa heimisch, im 19. Jahrhundert wurde er beinahe vollständig ausgerottet. Nur mühsam konnte der geschichts- und symbolträchtige Vogel wieder in Österreich angesiedelt werden. Allmählich erobert er seine Heimat zurück.

164

Adresse Klammweg 27, 3413 St. Andrä-Wördern/Kirchbach, www.greifvogelzuchtstation.at |
Anfahrt B 14 bis Maria Gugging, vor dem Kreisverkehr links abbiegen, Kirchbacherstraße bis
Klammweg (Feuerwehr) folgen | Öffnungszeiten April–Nov. Sa, So, Feiertage 9.30–12 Uhr,
13–17 Uhr | Tipp In etwa einer halben Stunde kann man durch den Naturpark Eichenhain
zur wunderschönen Hagenbachklamm wandern.

79_ Der hängende Stein
Perfekt versteckt!

Hat man ihn am Ende gefunden, dann fragt man sich, wie man ihn so lange hat suchen können. Wobei das Umkreisen des Gesuchten etwas Magisches hat und sich am Ende auf jeden Fall gelohnt haben wird. Der gewaltige Stein mitten im Laub-Hochwald ist absolut einzigartig. Mit einem Schlag sind alle Zweifel darüber beseitigt, in welchem geologischen Teil des Wienerwalds man sich wohl befinden mag. Es ist der Sandstein- oder Flysch-Wienerwald. Wobei einem schon das Fehlen von Nadelbäumen zu denken hätte geben müssen, die sanft gerundeten Hügel und die Allgegenwart von Eichen, Hain- und Rotbuchen.

Nähert man sich dem Ort von oben durch den lichten Hochwald, trifft man, der bunten Edelweiß-Markierung folgend, zunächst auf eine windschiefe, hängende Bank. Und rechts davon taucht er nun endlich auf, der Stein, der an den Rücken eines großen Tieres erinnert. Von Weitem schon sieht man Einkerbungen. Magische Zeichen? Runen etwa? Das pfeildurchbohrte Herz mit der Inschrift »1973«, die Friedenstaube und das männliche Potenz-Symbol sind wohl zeitgenössisch. Andere Zeichen jedoch kann man durchaus archaisch deuten. Und die kleinen Vertiefungen, so mutmaßen Forscher, seien durch magische Handlungen entstanden. Durch das Ausreiben solcher Näpfchen beschwor man die Erdgottheiten, versuchte sie gnädig zu stimmen, bat um Fruchtbarkeit. Ein prähistorisches Naturheiligtum? Eine Kult- und Opferstätte?

Wenn man den Felsen rechts umrundet, wird es erst recht geheimnisvoll. Wie ist er nur hierhergekommen, der gewaltige Kopf, der jeden Augenblick den steilen Hang hinunterzurollen droht? Wind und Regen haben wohl im Laufe der Jahrtausende viel stützendes Erdreich weggeblasen und ausgeschwemmt. Wie lange wird er sich noch halten können?

Es fällt schwer, sich loszureißen von diesem magischen Ort. Doch man kann ja jederzeit wiederkommen, jetzt, wo man ihn gefunden hat.

Adresse L2010, 3413 St. Ändrä-Wördern/Kirchbach | **Anfahrt** B 14 bis Maria Gugging folgen, vor dem Kreisverkehr links abbiegen, Hintersdorfer Straße und Kirchbacherstraße bis L2010 nehmen, in der ersten Linkskurve am rechten Straßenrand parken; beim Wegweiser links halten, der Edelweiß-Markierung folgen | **Tipp** An der Hauptstraße Richtung Mauerbach steht die Europa-Kapelle – 1995 zum EU-Beitritt Österreichs erbaut und den Europa-Heiligen gewidmet.

80 Der Tempel der Nacht
Analoge Multimediashow

November 1800. Nach mehrstündiger Kutschenfahrt sind die Besucher aus Wien im Park von Schloss Schönau angekommen. Durch ein verborgenes Gittertor betreten sie eine andere Welt. Fackeln beleuchten ihren Weg durch ein Labyrinth aus Gängen und Grotten: *Dunkel wie der Pfad des Lebens. Hinauf! Hinab! Steigen. Fallen. Menschenschicksal!* Wasser plätschert, Donner grollen, Licht flammt auf, und liebliche Musik ertönt, bis sich am Ende eine Tür öffnet: *Ihr Pforten auf! Es ist vollbracht, dem Pilger lohnt die heitre Nacht. Ihr Pforten auf! Es ist vollbracht, dem Pilger lohnt die heitre Nacht.* Über dem Tempel der Nacht, kreisrund und von Säulen getragen, wölbt sich ein künstlicher Nachthimmel mit Mond und Sternen. In einer Nische thront auf einem Pferdegespann die Königin der Nacht. Das Spektakel wirkt auf die gebannten Besucher elektrisierend. *So was sahen wir nie!* 30 Menschen sind unauffällig damit beschäftigt, die Besucher in eine Anderwelt zu entführen. Im richtigen Augenblick beleuchten sie Sinnsprüche an den Wänden aus der Feder von Hofdichter Kotzebue, Szenen aus der Antike und einen Wasserfall. Leibhaftige Musiker spielen nach Maß komponierte Stücke von Cherubini.

Erfunden und finanziert hat die Anderwelt Schlossherr Peter von Braun (42), steinreicher Seidenfabrikant und Direktor beider Wiener Hoftheater, entworfen hat sie Star-Architekt Johann Ferdinand Hetzendorf. Die Tiefenwirkung auf die Besucher rührt daher, dass von Braun, der Freimaurer, nicht nur unterhalten, sondern auch erschüttern, erbauen und zum Nachdenken bringen will.

Geschäftlich wird sein Unternehmen ein Flop, es bringt ihn fast an den Bettelstab. Schon nach wenigen Jahren erlischt das Interesse. Der nächste Besitzer macht den kupfernen Himmel zu Geld. Das Labyrinth jedoch, unter dem künstlich aufgeschütteten Hügel perfekt konserviert, fasziniert auch die Besucher des 21. Jahrhunderts. Und der Tempel der Nacht, über dem sich nun der Naturhimmel wölbt, ist ein ergötzlicher Anblick.

Adresse Kirchengasse 18, 2525 Schönau an der Triesting | **Anfahrt** A 1 Ausfahrt Leobersdorf, B 18 bis Kirchengasse | **Öffnungszeiten** Infos zu Führungen, Veranstaltungen und Übernachtungsmöglichkeiten unter Tel. 02256/2020950, www.schloss-schoenau.at | **Tipp** In Teesdorf (Bahnstraße 6) kann man im »Lille Hus« herrlich frühstücken (Mo–So 8–13 Uhr). Sehenswert ist das LEUM Lichtmuseum (So 14–18 Uhr, www.leum.at).

81 Der Korkenzieher
Das verborgene Weinparadies

70 gepflegte Weinkeller sind entlang der Ahrenberger und Eichberger Kellergasse malerisch aufgefädelt. Zusammen bilden sie die längste ganzjährig bewirtschaftete Kellergasse Österreichs. Sie liegt im noch sehr jungen und kleinen Weinbaugebiet Traisental und ist ein echter Geheimtipp. Von der Weinpresse aus kann man in knapp einer Stunde auf einem markierten Themen-Rundweg die entzückende Gegend und ihre Besonderheiten erkunden.

Durch tiefe Löss-Schluchten und Weinrieden gelangt man zum Wahrzeichen der Gegend. Der originelle Aussichtsturm erinnert entfernt an einen Korkenzieher und heißt deshalb auch so. Er wurde 2006 von den rührigen ortsansässigen Winzern am höchsten Punkt errichtet, in 330 Metern Seehöhe.

Der Standort ist perfekt gewählt, die Rundumsicht von der obersten Plattform der modernen Stahlkonstruktion ist grandios. Auf dem Geländer sind alle interessanten Punkte in nah und fern eingraviert – man gewinnt einen phänomenalen Überblick über diesen wenig bekannten Teil der Welt.

Die Weingärten auf den sanften Hügeln sehen nicht nur deshalb winzig aus, weil man sie aus einer schwindelnden Höhe von 15 Meter sieht, sie sind tatsächlich ungewöhnlich klein. Und doch bringen sie große Weine hervor, mit eigenständigem Charakter. Grüner Veltliner und Riesling gedeihen in dem besonderen Mikroklima auf mineralhaltigen Böden besonders prächtig, von duftig-fruchtig bis kräftig-würzig und immer vielschichtig. Am besten prüft man das vor Ort bei einem Heurigenbesuch nach, sicher ist sicher. Auch die Qualität der kreativ-bodenständigen Speisen ist bemerkenswert. Ganz im Gegensatz zum Preisniveau. Die Einheimischen sind stolz auf ihre Keller. Nichteinheimische fallen hier noch auf und werden besonders herzlich willkommen geheißen. Und das beinahe jeden Tag des Jahres: »Einer hat immer ausg'steckt« lautet das Motto der Kellergasse. Sehr beruhigend.

Adresse Kreitschentalweg 4, 3454 Sitzenberg-Reidling / Ahrenberg, www2.derkorkenzieher.at |
Anfahrt S 5 bis Tulln, B 19, L 2016, L 2215 und B 43 folgen, in Gemeinlebarn links abbiegen |
Öffnungszeiten jederzeit zugänglich | **Tipp** Der Arkadenhof des Renaissance-Schlosses
Sitzenberg (»Sitz am Berg«), vom Korkenzieher schön zu sehen, ist alljährlich im Juni Schauplatz klassischer Theaterkomödien.

82 Das Schloss Heiligenkreuz

Das vergessene Barockjuwel

Seinen Namen verdankt Schloss Heiligenkreuz einem Dorf in Vorarlberg: Heilig Kreuz. Hier wurde 1703 der spätere Schlossherr Franz Anton Marxer geboren. Als Weihbischof von Wien und Beichtvater der Kaiserin Maria Theresia bringt er es zu Wohlstand – und dann gewinnt er auch noch zweimal in der Lotterie! 95.000 Gulden. Genug, um 1754 von Johann Edler von Tepser die Herrschaft Gutenbrunn zu kaufen. Das zugehörige Schloss auf dem Tepser-Hügel lässt er als bischöfliche Sommerresidenz und Priester-Alumnat ausbauen und eine Marien-Wallfahrtskirche errichten. Mit dem Entwurf der Altarbilder und Deckenfresken beauftragt er Anton Maulpertsch, den kühnen Geist barocker Kunst, der, wie er selbst, aus der Bodensee-Gegend stammt. 1758 wird die Kirche eingeweiht. Und den Ort tauft man, dem Geburtsort des Stifters zu Ehren: Heiligenkreuz. Heiligenkreuz erlebt glanzvolle Zeiten als Wallfahrtsort, an manchen Tagen zählt man bis zu 6.000 Pilger. Es geht zu wie in Mariazell. Doch alles endet jäh, als 1785 die neue Diözese gegründet wird. Das Alumnat übersiedelt nach St. Pölten. Heiligenkreuz wird versteigert und versinkt in die Bedeutungslosigkeit.

1964 erst beginnt eine zweite Blütezeit. Das Land Niederösterreich eröffnet im Schloss sein Barockmuseum, das Scharen von Pilgern und Besuchern anzieht. Doch zum zweiten Mal endet alles in St. Pölten. Das Barockmuseum übersiedelt 2001 in die neue Landeshauptstadt, Heiligenkreuz gerät abermals in Vergessenheit.

Wer das verborgene Kleinod entdeckt, wird reich belohnt. Das weltweit größte zusammenhängende Maulpertsch-Kunstwerk erlebt man am besten bei einem Gottesdienst, sonntags um 9 Uhr. Das Schloss, seit 1843 im Besitz der Familie Figdor, lädt im Sommer zu bezaubernden musikalischen Sonntags-Matineen. Da kann man über die Prunkstiege schreiten, durch die Räume streifen, eine der wechselnden Ausstellungen besichtigen und den Ausblick genießen.

Ein beschaulicher Ort mit ganz besonderer Aura.

Adresse Heiligenkreuz 10, 3454 Sitzenberg-Reidling/Gutenbrunn | **Anfahrt** A 22 bis Knoten Stockerau, S 5 bis Tulln, B 19 folgen, L 2090, B 1 und L 5024 bis Heiligenkreuz nehmen | **Öffnungszeiten** Schloss: Infos unter Tel. 0676/7353883; Kirche (bis zum Gitter): Ostern bis 1. Nov. 8–17 Uhr, Führungen nach Voranmeldung, Tel. 0676/826633121, www.wallfahrtskirche-heiligenkreuz-gutenbrunn.at | **Tipp** Es empfiehlt sich ein (Heurigen-)Besuch in einer Kellergasse im Traisental (www.herzogenburg.at).

83 — Das Refugium Hochstrass

Klösterlich ruhiger Rückzugsort

Sitzt man an einem sonnigen Sonn- oder Feiertag im Sommer auf der Terrasse, fühlt man sich mitten in der Welt, zugleich über ihr und auch an deren Ende. Das Refugium steht ganz oben am Berg, danach kommt nichts mehr. Rundum sanfte Hügelketten, saftige Wiesen, Kühe und Pferde, malerische Obstbäume, etwas Laubmischwald und sehr viel Himmel. Die Zufahrt ist steil, und wenn im Winter Schnee liegt, kann die Sache ganz schön abenteuerlich werden. Hoch-Strass eben.

Mitunter begegnet man hier einer fröhlichen Gruppe von Frauen, die nicht so ganz in die Zielgruppe des exklusiven Seminar- und Retreat-Hotels zu passen scheint. Es sind Absolventinnen einer Schule, die an ihrer ehemaligen Lern- und Wirkungsstätte ihr alljährliches Treffen abhalten. Ja, der im Boutique-Stil geschmackvoll renovierte Gebäudekomplex war nicht immer ein Hotel.

Frühjahr 1890. Geistliche Schwestern besuchen den Obersteinerhof, um Geld für die »Wiener Kongregation der Töchter der göttlichen Liebe« zu sammeln. Eine revolutionäre Idee wird geboren: Eine Ausbildungsstätte für junge Frauen aus der Umgebung könnte hier entstehen! Philipp und Josefa Grumböck sind so begeistert, dass sie dem Orden ihren gesamten Grundbesitz zur Verfügung stellen. Ein Schenkungsvertrag wird unterschrieben, k. k. Hof- und Stadtbaumeister Schmalzhofer macht sich an die Planung. Im Sommer 1897 ist es so weit. Das »Kloster zur schmerzhaften Mutter« samt Nebengebäuden und der wunderschönen Kapelle ist fertig. Die ersten Schülerinnen der landwirtschaftlichen Haushaltungsschule treffen ein.

Bis 2009, also mehr als 100 Jahre lang, werden in wechselvoller Geschichte junge Frauen umfassend und erstklassig ausgebildet. Dann droht der Verfall. Bis eine Hoteliersfamilie das Kleinod auf dem Berg aus seinem Dornröschenschlaf weckt. 2016 wird das »Refugium« seiner neuen Bestimmung übergeben – seiner alten gar nicht unähnlich!

Adresse Hochstrass 7, 3073 Stössing, www.refugium-hochstrass.at | **Anfahrt** A 1 Ausfahrt Altlengbach, B 19, L 2312 und L 110 bis Stössing folgen | **Öffnungszeiten** Mai–Okt. So, Feiertage 10–16 Uhr und bei Veranstaltungen | **Tipp** Ein 1914 angelegter Kreuzweg führt von der Alten Käserei zum versteckten Nonnenfriedhof im Wald, vorbei an einer Quelle, einer Mariengrotte und einem ehemaligen Steinbruch.

84_ Der Busserltunnel

Sehr kurzes Gspusi

Ein Tunnel zwischen Gumpoldskirchen und Pfaffstätten – lang genug für einen Kuss, zu kurz jedoch, als dass es sich lohnen würde, im Waggon das Licht aufzudrehen. Das weckt in einem anonymen Fahrgast der neu eröffneten Dampfeisenbahnlinie Wien–Gloggnitz anno 1841 amouröse Phantasien. Ob er seiner Sitznachbarin tatsächlich ein Busserl geraubt hat, womöglich auf der Jungfernfahrt, ist ungewiss. Der Kosename für den ersten österreichischen Eisenbahntunnel jedenfalls verbreitet sich wie ein Lauffeuer. Sogar Arthur Schnitzler spricht in seiner Autobiografie über »das Glück eines zufälligen Zusammentreffens in einem Eisenbahn-Coupé« samt spontanen Küssen im Schutz der unvermuteten Dunkelheit.

Kühn durchstößt das »bedeutendste Bauobject« auf der Südbahnstrecke: den 256 Meter hohen »Katzbüchel«. Sein Erbauer Mathias Schönauer, Star-Eisenbahningenieur des 19. Jahrhunderts, verewigt auf dem Nordportal sein Motto: Recta sequi – Folge der Geraden! Von Kaiser Ferdinand I. begonnen, wird der Bau der Südbahnlinie unter Franz Joseph I. zügig vorangetrieben, bis sie 1867 endlich den Wiener Südbahnhof mit Triest verbindet. Der steinerne Markuslöwe aus 1873, Symbol dieser wichtigen Verbindung, brüllt heute am Wiener Hauptbahnhof.

Der Busserl-Tunnel ist stolze 522 Fuß lang, und zwar nicht irgendwelche, gar englische Fuß, sondern »Wiener Fuß«. Nach Einführung des französischen metrischen Systems im Jahr 1871 ergibt das 522 mal 0,316081, also exakt: 165 Meter. Bei einer Fahrgeschwindigkeit von 30 Kilometern pro Stunde ermöglicht das eine Kuss-Länge von ziemlich genau 20 Sekunden.

Heutzutage geht sich nur mehr ein Fünf-Sekunden-Kuss aus. Maximal. Es empfiehlt sich daher, den Tunnel von außen zu besteigen und das Küssen in die Weingärten zu verlegen, wo man von besten Rot- und Weißweinreben versteckt spazieren und vielleicht verstohlen die eine oder andere reife Frucht (ver)naschen kann.

Adresse zwischen Gumpoldskirchen und Pfaffstätten, 2514 Traiskirchen | **Anfahrt**
A 2 Ausfahrt Wiener Neudorf, B 17 folgen, in Guntramsdorf rechts abbiegen, bei Garten-
gasse links fahren | **Tipp** Im Freigut Thallern bietet die gut sortierte Gebietsvinothek
Weine aus 60 Weingütern der Thermen-Region an (Thallern 1, 2352 Gumpoldskirchen,
9 – 19 Uhr).

85___Das Matador-Museum

Alles dreht sich, alles bewegt sich

»Was du mir sagst, vergesse ich. Was du mir zeigst, erinnere ich. Was du mich tun lässt, verstehe ich.« Ja, Konfuzius hat die Sache mit dem Lernen auf den Punkt gebracht, und bestimmt hätte er seine Freude mit Matador gehabt. Verschieden geformte Bauteile aus Holz, eckig und rund, in die in regelmäßigen Abständen Löcher gebohrt sind. Dazu Holzstäbchen in unterschiedlicher Länge, die genau in die Löcher passen, ein Holzhammer, eine Zange. Ein genial einfaches Baukastensystem, mit dem man nach Vorlagen Sachen zusammenbauen oder neue erfinden kann. Wobei sich alles dreht und bewegt, was das Spielen ungeheuer spannend, anregend und kreativ macht. Und auch lehrreich, denn Mechanik und Physik erklären sich wie von selbst.

Dabei hat Johann Korbuly aus Wien, von Beruf Bauingenieur und Geometer, sich die Sache nur ausgedacht, um seine kleinen Söhne Johann, Anton und Rudolf zu befrieden, die ständig über gegenseitig zerstörte Klotz-Bauwerke in Streit geraten. Am Ende lässt er sein Holzspielzeug-System im Jahr 1903 patentieren. 1909 eröffnet er ein Matador-Haus in Berlin, 1913 eines in der Mariahilfer Straße in Wien – Matador erobert die Welt. Johann Korbuly verlegt die Produktion von Wien nach Pfaffstätten. Nach Johanns Tod übernehmen 1920 Johann junior und Rudolf das Familienunternehmen. Gestritten wird allerdings immer noch, bald führt Johann das Unternehmen allein weiter. In den 1980ern gerät es in eine Krise, die Produktion wird eingestellt. Bis ein mutiger Jungunternehmer die Marke kauft und höchst erfolgreich weiterführt, wenn auch mit viel kleinerer Produktpalette.

Welch sagenhafte Wunderwerke im Laufe der mehr als 100-jährigen Matador-Geschichte gebaut wurden, kann man in der Dauerausstellung im Stadtmuseum Traiskirchen bestaunen. Hochseeschiffe, Hängebrücken, Seil- und Eisenbahnen, Flugzeuge, Baukräne, eine Zahnradbahn und sogar ein Riesenrad! Einfach unglaublich.

Adresse Wolfstraße 18, 2514 Traiskirchen-Möllersdorf, www.stadtmuseum-traiskirchen.at | **Anfahrt** A 2 Abfahrt Traiskirchen, B 17 folgen | **Öffnungszeiten** März–Dez. Di, So, Feiertage 8.30–12.30 Uhr | **Tipp** In der ehemaligen Kammgarnfabrik findet man 50 weitere »Museen im Museum«, besonders sehenswert: die Ladenstraße mit Geschäften in Originalausstattung, von der Apotheke bis zum Hutgeschäft.

86 Die Verkündigungskapelle

Die Magie des Lichts

Zu manchen Zeiten ergießt sich das Sonnenlicht wie Lava durch das Fenster, das nach Südosten weist, und malt vergängliche Bilder an die Wände. Sind es Engelsflügel? Ins Weihwasserbecken aus glänzender Bronze wirft der Erzengel Gabriel sein Bild. In warmen Sonnenfarben ins Fenster gemalt, Gelb, Orange, Gold, Rot, erscheint er zugleich auf der Fläche des Wassers. Maria, ebenfalls in Licht getaucht, blickt aufmerksam zu ihm auf. Der Engel erfüllt seine Mission und verkündet der Jungfrau die frohe Botschaft der bevorstehenden Geburt Jesu. Der Besucher wird zum staunenden Zeugen.

Der Künstler, der dieses atmosphärisch dichte Gesamtkunstwerk 2011 geschaffen hat, ist zugleich: Mönch. Künstlermönch nennt sich Pater Raphael, mit bürgerlichem Namen Wilfried Statt. Bevor er 2005 in das Zisterzienserstift Heiligenkreuz eingetreten ist, war er, der gelernte Stuckateur und Absolvent der Berliner Kunsthochschule, freischaffender Bildhauer. Heute ist er zuallererst Mönch. Die Ordnung, die Ruhe und die gelebte Spiritualität befruchten, ja beflügeln seine künstlerische Arbeit. Ein wenig hat er sich den Florentiner Fra Angelico zum Vorbild genommen, der um 1450 als Mönch und Künstler großartige Werke schuf, unter anderem eine berührende Verkündigungsszene. 1982 hat Johannes Paul II. (siehe Ort 91) ihn als Schutzpatron der christlichen Künstler seliggesprochen.

Das Mysterium, im Lukas-Evangelium 1,26–38 in einfache Worte gefasst und doch unbegreiflich, macht der Künstlermönch in dieser kleinen Kapelle für den Besucher spirituell erlebbar. Mit Hilfe von architektonischen Kunstgriffen und sparsamen skulpturalen Elementen erzeugt er die perfekte Illusion einer szenischen Handlung. Das Einzige, was sich bewegt und verändert, ist das Licht, das die stetig wandernde Sonne ausstrahlt. Geschickt geführt, ist es Protagonist und wechselndes Bühnenbild in einem himmlischen Mysterienspiel.

Adresse Kirchengasse 4, 2521 Trumau | **Anfahrt** A 2 Ausfahrt Traiskirchen, L 156 bis Trumau folgen | **Öffnungszeiten** bei Gottesdiensten und auf Anfrage, Infos unter Tel. 02253/6209 | **Tipp** Im Innenhof von Schloss Trumau (Schlossgasse 21) sind gleich drei barocke Sonnenuhren (1726) zu bewundern.

87 Das Kress-Denkmal
Aviatik oder: Wie der Mensch fliegen wird

Ein kühler Tag im Oktober 1901 am Wienerwaldsee. Ein älterer Herr mit Schwimmgurt und in dicker Kleidung wagt sich mit einem riesigen *Aeroplane* auf das Wasser, das als Start- und Landebahn dienen soll. Was für ein Anblick!

Was der erste Flug der Geschichte werden soll, steht unter keinem guten Stern. Die Aerodynamik ist perfekt berechnet, der Dreidecker sorgfältig und stabil gebaut, allein – der Luftschiff-Motor, den die Daimler-Motoren-Gesellschaft reißerisch beworben und geliefert hat, ist viel zu schwer und viel zu schwach: 380 Kilogramm und 30 PS statt der zugesicherten 200 Kilogramm und 35 PS. Daimler nimmt den Motor nicht zurück. Mühsam hat der Flugpionier Wilhelm Kress das Geld für diesen einen Motor auftreiben können – auch dank einer privaten 5.000-Gulden-Spende von Kaiser Franz Joseph. Er baut den Motor also trotzdem ein. Einen Versuch ist es wert.

Er fährt geradeaus, lenkt mit dem Steuerknüppel nach rechts, steigert die Motorleistung auf 18 PS. Geschwindigkeit und Auftrieb nehmen rapide zu. Das Wasser spritzt vorne hoch auf, das Schlittenboot taucht weit aus dem Wasser. Da kommt die steinerne Mauer der Wehr bedrohlich näher! Er muss stoppen und nach rechts ablenken. Und da geschieht das Unglück. Der *Aeroplane* neigt sich nach außen, dann auf die andere Seite. Eine seitliche Windbö bringt den Apparat zum Kippen. Der Pilot kann sich retten. Der *Aeroplane* nicht, er sinkt acht Meter tief. Nach einigen Tagen erst wird eine unkenntliche Masse aus Stoff, verbogenen Röhren und Drähten geborgen. Ein Lebenswerk ist zerstört.

Wilhelm Kress lässt sich nicht entmutigen, er experimentiert weiter. 1905 veröffentlicht er »Aviatik. Wie der Vogel fliegt und wie der Mensch fliegen wird«. Die Lorbeeren für die Erfindung, die längst in der Luft liegt, ernten die Brüder Wright mit dem ersten Flug der Menschheitsgeschichte, am 17. Dezember 1903.

Er dauert ganze zwölf Sekunden.

Adresse Wilhelm-Kress-Park, 3011 Tullnerbach | **Anfahrt** B 1 und B 44 bis zum Wienerwaldsee folgen | **Tipp** Im nahen Wolfsgraben startete von 1923 bis 1932 die Österreichische Tourist Trophy, ein legendäres internationales Motorradrennen. Dem 1929 tödlich verunglückten Edi Linser wurde ein Denkmal errichtet: »Hier lag sein Start zur letzten Fahrt, das Ziel lag weit: die Ewigkeit.«

88 Der Donaublick

Der schönste Donaublick der Welt

Während sich auf dem Kahlenberg (siehe Ort 91), keine zwei Kilometer entfernt, die Massen drängen, herrscht hier heilige Ruhe. Zum einen, weil die historische Anlage samt Kirche auf dem Leopoldsberg fast zwölf Jahre lang nicht zugänglich war – Baustelle, Zutritt verboten. So verschwand der Leopoldsberg allmählich aus der imaginären Liste lohnender Ausflugsziele. Zum anderen ist hier seit der Wiedereröffnung eine gastronomie- und souvenirfreie Zone. Das wird den Ort auch in Zukunft vor einem Ansturm bewahren.

Das Warten hat sich gelohnt. Durch eine unscheinbare Tür im Haupttor betritt man das Gelände und fühlt sich in eine andere Welt versetzt. Beinahe mediterran ist die Stimmung. Der Park wurde rund um die alten Bäume nach historischem Vorbild neu angelegt; Burganlage und Kirche hat man nach alten Plänen sorgfältig restauriert. So ungefähr hat die Anlage wohl im 17. bis 18. Jahrhundert ausgesehen, erbaut auf den Resten einer Burg aus dem 13. Jahrhundert. Einige Räume, als Museum gestaltet, veranschaulichen die bewegte Geschichte in alten Aufnahmen.

Drei historische Säle kann man für private Feste mieten – oder auch die ganze Burg. Wenn eine kirchliche Zeremonie dabei ist. Denn der Leopoldsberg ist nur verpachtet, Besitzer ist und bleibt seit 1786 das Stift Klosterneuburg.

Wirklich einzigartig ist der Blick auf die Donau. Nirgendwo sonst präsentiert sich der majestätische Fluss in seiner Schönheit und Vielfalt so prächtig wie hier, nirgendwo sonst scheint die Donau gerade nahe genug zu sein und genau richtig weit weg. Den besten Blick genießt man rechts neben der Kirche. Unterhalb führt ein Rundweg zu einer kleinen Terrasse mit Blick nach Nordwesten. Da glitzern in der Ferne die Türme von Stift Klosterneuburg, das Markgraf Leopold III. der Heilige gegründet hat – der Legende nach, weil der Brautschleier seiner Agnes von genau hier nach genau dort verweht worden ist. Ein Zeichen des Himmels.

Adresse Leopoldsberg, 1190 Wien-Döbling | **ÖPNV** U 4, Station Heiligenstadt, Bus 38A, Haltestelle Leopoldsberg | **Öffnungszeiten** bei Schönwetter Mai–Sept. Do–Di 9–17 Uhr; Museum Sa, So, Feiertage 9–17 Uhr | **Tipp** Drei ukrainische Kosaken, ganz in Bronze, erinnern an die Mitbefreier Wiens von den Türken 1683 in Sobieskis Entsatzheer.

89 Das Lotteriebrünnl

Heiliges Glücksspiel und Zahlenmagie

»Man suche auf der Agneswiese einen Stein, lege ihn ins Wasser des Brünnleins, bete dabei und stecke dann den Stein hinter das Kopfkissen, so wird man jede Woche fünf Nummern ablesen können, welche gezogen werden.« Angeblich eine sichere Methode, einen Hauptgewinn im Zahlenlotto zu machen, das Kaiserin Maria Theresia 1752 als »Kleines Glücksspiel« eingeführt hat.

Irgendjemand setzt den Mythos in die Welt. Und plötzlich, zu Beginn des 19. Jahrhunderts, ist beim Agnesbrünnl die Hölle los. Da tummeln sich Wahrsagerinnen, Zigeuner, Lotterieschwestern und Losverkäufer und lassen Gutgläubige aller Art hoffen. Manche von ihnen, wie es früher Brauch gewesen ist, auf Heilung durch die heilige Agnes, die sich oberhalb der Quelle in einer seltsam verbogenen Buche materialisiert haben soll. Wobei sich Agnes, römische Märtyrerin und Schutzpatronin der Jungfrauen, mit der gleichnamigen Gattin Leopolds III. hoffnungslos vermischt. Die posthume Heiligkeit des Markgrafen färbt, so scheint es, auch auf seine Gemahlin ab. Andere Gläubige vertrauen auf das heilige Wasser, das gegen allerlei Leiden wirken soll. Die meisten aber pilgern zur Quelle, weil sie auf baldigen Reichtum hoffen. Durch Eingebung der richtigen Zahlen.

Ob ein Blick in das Brünnl auch Hinweise auf die richtigen *6 aus 45* liefert? Einen Versuch ist es wert – belohnt wird man auf jeden Fall. Denn zum Agnes- oder Lotteriebrünnl, obwohl nur ein paar Gehminuten von der viel besuchten Jägerwiese entfernt, zieht es heute nur mehr wenige Brünnlverehrer. Und so genießt man hier nach einem wunderbaren Spaziergang durch Wiesen und Wälder eine stille Waldidylle. Die gewunden gewachsene Buche hat man zwar 1817 von Amts wegen entfernt, um dem abergläubischen Treiben ein Ende zu bereiten. Doch Bäume von ähnlicher Gestalt wachsen immer wieder nach. Vielleicht ist das Brünnl also doch ein Ort, an dem besondere Kräfte wirken?

Adresse Jägerwiese, 1190 Wien-Döbling | **ÖPNV** Bus 48A, Haltestelle Fischerhaus, etwa 15 Minuten Fußweg | **Tipp** Empfehlenswert ist eine Einkehr im »Gasthaus zum Agnesbrünnl« auf der Jägerwiese, das auf eine 100-jährige Tradition zurückblickt. Nach einer Stärkung lohnt sich der Aufstieg zur neomittelalterlichen (1888) Habsburgwarte auf dem Hermannskogel (542 Meter) – zentraler Vermessungspunkt Österreichs.

90 __ Ödön von Horváths Grab

Endlich zu Hause!

Im Mai 1938 hat der berühmte Dichter einen Alptraum. Er sei in einem dunklen Wald spazieren gegangen und von einem umstürzenden Baum getroffen worden. Ehe dieser ihn zu Tode quetschen konnte, sei er rechtzeitig aufgewacht, zum Glück! Am 1. Juni 1938 jedoch schlägt das wirkliche Leben zu: Ödön von Horváth wird auf den Pariser Champs-Élysées in einem Gewittersturm vom Ast einer Platane getroffen. »Die alarmierten Feuerwehrmänner bargen das Opfer und brachten es in einem hoffnungslosen Zustand ins Krankenhaus. Das Opfer war ein Ungar, 37 Jahre alt, der bald darauf verstarb.« Dichterkollege Joseph Roth, zutiefst erschüttert, hält auf dem Friedhof Saint-Ouen eine Rede am offenen Grab, fällt dabei sturzbetrunken in dieses – und bleibt unverletzt.

50 Jahre lang ruht der österreichisch-ungarische Edmund alias Ödön, durch sein Theaterstück »Geschichten aus dem Wienerwald« unsterblich geworden, in Frieden. 1988 beschließt der Wiener Gemeinderat, dem Wahlwiener ein Ehrengrab auf dem Friedhof Heiligenstadt zu widmen. Was voraussetzt, dass seine sterblichen Überreste ausgegraben und von Paris nach Wien geschafft werden müssen, preiswert und unbürokratisch.

Ein Totengräber wird bestochen. Der französische Übersetzer der »Geschichten aus dem Wienerwald« wird mit dem Transport beauftragt. Drei Kisten Grüner Veltliner sollen ihm die Mühe schmackhaft machen. So weit, so gut. Von Ödöns Gebeinen sind ohnehin nur mehr sieben Knochen und der halbe Schädel mit einem Loch übrig. Der Übersetzer fliegt also mit einem Kindersarg im Gepäck nach Wien. Hier stoppt ihn ein misstrauischer Zollbeamter. Ein Drogenhund beschnüffelt die versiegelte Holzkiste und bellt wie verrückt. »Öffnen!« Der Hund schnappt sich einen Knochen. Und so werden am 15. Juni 1988 nur sechs Knochen und ein halber Schädel in allen Ehren beerdigt. »Ödön von Horváth ist endlich zu Hause!«, verkündet der Bürgermeister Zilk voll Stolz.

ÖDÖN
VON HORVÁTH
1901 – 1938
DR. EDMUND
VON HORVÁTH
1874 – 1950
MARIE
VON HORVÁTH
1882 – 1959
LAJOS
VON HORVÁTH
1903 – 1968
ELISABETH v HORVÁTH
1917 – 2007

Adresse Wildgrubgasse 20 (A/M/Nr. 4), 1190 Wien-Döbling | **ÖPNV** U 4, Station Heiligenstadt, Straßenbahn D bis Endstation, Fußweg (15 Minuten) | **Öffnungszeiten** siehe www.friedhoefewien.at | **Tipp** Beim Freiluft-Heurigen Wanderer, genau hinter Horváths Grab, kann man mit Veltliner oder Sturm auf den Dichter anstoßen (April–Okt. Fr–So, bei Schönwetter). Das erste Beethoven-Denkmal Wiens (1863) steht am Beethovengang, Lieblingsspazierweg des Komponisten.

91___Die Schuhe des Papstes

Gaude Mater Polonia!

Am 12. September 1983 erlebt die Josefskirche auf dem Kahlenberg ihren großen Tag. Papst Johannes Paul II. feiert die heilige Messe zum Gedenken an Jan III. Sobieski, den Retter von Wien. Auf den Tag genau vor 300 Jahren hat auf dem Kahlenberg die siegreiche Schlacht gegen die Türken begonnen.

Der polnische König ist Oberbefehlshaber des vereinigten Heeres mit 75.000 Soldaten. Vor der entscheidenden Schlacht wird in aller Herrgottsfrühe eine Messe gelesen, der König ministriert. Die Gebete werden erhört, die Osmanen unter Großwesir Kara Mustafa vernichtend geschlagen. Seither gilt die Kirche als exterritoriales Nationalheiligtum der Polen. In polnischer Hand befand sich der Ort schon 1628, als polnische Mönche des Kamaldulenserordens den Berg in Besitz nahmen und in einer Art Miniatur-Dorf ihre Zellenhäuschen bauten: Leben allein für Gott und mit Gott allein. Der Berg hieß allerdings noch nicht Kahlenberg, sondern – wegen der hier ansässigen Wildschweine – Sauberg. Kaum war die Josefskirche fertig, wurde er in Josefsberg umgetauft.

Kahlenberg hingegen hieß bis 1693 der vorgelagerte Berg direkt an der Donau, auf dem Kaiser Leopold I. eine Kapelle hatte bauen lassen. Sie war 1683 den Türken zum Opfer gefallen. Zum Dank dafür, dass Sobieski Wien, den Wienerwald und die gesamte Christenheit gerettet hatte, ließ er nun die Kapelle neu aufbauen und weihte sie seinem Namenspatron. Seither heißt der Kahlenberg Leopoldsberg, der Sau- alias Josefsberg hingegen Kahlenberg.

In der Josefskirche, im Besitz einer polnischen Stiftung, werden Messen nur ausnahmsweise nicht auf Polnisch gelesen. Seit dem Papstbesuch ist das polnische Heiligtum noch polnischer und noch heiliger geworden, durch Original-Kleidungsstücke, die Karol Józef Wojtyła an ebendiesem Ort getragen hat, samt seinen schön geputzten, ausgetretenen Schuhen. Sie werden in einem Glasschrein aufbewahrt, fast wie Reliquien.

Adresse Josefsdorf 38, 1190 Wien-Döbling | **ÖPNV** U 4, Station Heiligenstadt, Bus 38A, Haltestelle Kahlenberg | **Öffnungszeiten** Winter: Sa, So Feiertage 10–13 und 14–17 Uhr; Sommer: Mo–So 9–13 und 14–18 Uhr | **Tipp** Einige ehemalige Zellen polnischer Einsiedlermönche sind heute unweit der Kirche noch als private Wohnhäuser erhalten.

92 Der Wasserbehälter

Ist da jemand?

Ganz oben am Hackenberg, inmitten einer idyllischen Kleingarten-
siedlung, thront ein verwunschenes Wasserschloss. Im Sommer hüllt
es wilder Wein in einen grünen Pelz. Den Park beschatten uralte
Bäume, und die steinernen Mauern der neoromanischen Anlage
malen ihr Bild in das Zierbecken, in dem sich mitunter Fische tummeln. Nur die Fenster und Portale, die dem Betrachter aus toten
Augenhöhlen blicklos entgegenstarren, säen Zweifel: Wohnt hier
überhaupt jemand? Das repräsentative Gebäude, im Volksmund
»Wasserschloss« genannt, ist herrschaftlicher Wohnsitz von rund
11.600 Kubikmetern feinstem Wiener Hochquellwasser.

Nach der Eingemeindung der Wiener Vororte beschließt der
Gemeinderat am 21. März 1900 die Errichtung einer zweiten Hochquellenleitung. Denn die neuen Bezirke müssen gleich gut versorgt
werden, mit gleich hoher Wasserqualität, und die Versorgung darf
keinesfalls in private Hände gelangen.

100 Millionen Kronen kostet das Unternehmen, 10.000 Arbeiter sind beschäftigt, 200 Kilometer Rohre und Aquädukte werden
vom Quellgebiet bis in die Hauptstadt der Monarchie gebaut. Am
2. Dezember 1910, bei einem Festakt im Wiener Rathaus, schaltet
Kaiser Franz Joseph I. symbolisch eine »Wasserkunstanlage« ein und
nimmt aus einem Kristallkelch den ersten Schluck des köstlichen Wassers, das 36 Stunden zuvor frisch dem Hochschwab entsprudelt ist.

Zweckbauten erfüllen damals nicht einfach ihren Zweck. Nur
weil etwas nützlich ist, darf es noch lange nicht hässlich sein. Im
Gegenteil. Und so werden selbst Wasserbauwerke höchsten ästheti-
schen Ansprüchen gerecht, natürlich auch Wasserbehälter, die, wie
ehedem Brunnen und Zisternen, eine kontinuierliche Wasserversor-
gung sicherstellen. Unter all den schönen Wasserzweckbauten ist das
Wasserschloss am Hackenberg: herausragend. Er steht sogar unter
dem »Schutz der Haager Konvention zum Schutz von Kulturgut bei
bewaffneten Konflikten«.

Adresse Am Hackenberg, 1190 Wien-Döbling | **ÖPNV** U 4, Station Heiligenstadt, Bus 38A, Haltestelle Fröschelgasse | **Öffnungszeiten** nur von außen | **Tipp** Auf dem nahen Sieveringer Friedhof liegt der Maler Richard Gerstl (1883–1908) begraben (1/2/Nr. 11), Pionier des Expressionismus. Er nahm sich nach einer unglücklichen Liebesaffäre mit Arnold Schönbergs Frau Mathilde das Leben. Vor einem Spiegel erstach er sich erst und erhängte sich dann.

93 Die Zacherlfabrik

Mottenfraßverhütungs-Unternehmung

1890 müssen sich die Motten in Wien warm anziehen: Johann Evangelist Zacherl eröffnet eine Fabrik, die den textilfressenden Tierchen endgültig den Kampf ansagt. Bis tief ins kaukasische Gebirge ist sein Vater einst gereist, um das Pflücken wild wachsender Chrysanthemen zu organisieren. Säcke mit feinem Pulver von getrocknetem *Pyrethrum roseum* werden aus Tiflis angeliefert, eingenäht in Schafsleder. In der neuen Fabrik wird das Pulver in versiegelte grüne Fläschchen gefüllt. Auf dem roten Etikett krabbelt eine schwarze Motte. Der Markenname: Zacherlin. Ein Spezialzerstäuber aus Kautschuk, auf die Flasche gesteckt, erzeugt »Staubwolken, mit denen man alle Aufenthaltsorte der Insekten gründlichst ausbläst«. Ja, Zacherlin wirkt staunenswert!

Reklame wird zum Hauptmotor des Erfolgs. Ein Zacherl-Lied muss her! Der Humorist Josef Weyl verfasst die Verse, Moritz Kässmeyer vertont sie. »Wir wissen, wer uns retten kann, denn gegen solche Höllenbrut sind Zacherl und sein Pulver gut!«

Die Optik der Fabrik ist Teil der genialen Marketingstrategie. Das kaukasische Pulver wird nämlich werbewirksam als *echtes persisches Pulver* gehandelt. Und so erinnert das Gebäude im persisch-maurischen Stil bewusst an eine Moschee – die Große Moschee von Isfahan. Die Fassade, mit glasierten Keramikfliesen farbenprächtig geschmückt, krönt eine bunte Kuppel, flankiert von zwei Minaretten.

Das einzigartige Industriemonument, im Volksmund Wanzenburg genannt und bis heute in Familienbesitz, steht unter Denkmalschutz. Zacherlin wird hier längst nicht mehr erzeugt. Johanns Urenkel Peter hat in diesem herrlichen Ambiente sein Architekturbüro. Seine großartige Kulturinitiative mit Konzerten und Ausstellungen wurde leider mit unerfüllbaren Auflagen vom Magistrat Wien gekillt. Auf Anfrage führt der Besitzer durch die faszinierende Geschichte der Mottenfraßverhütungs-Unternehmung seiner Vorfahren.

Adresse Nusswaldgasse 14, 1190 Wien-Döbling | **ÖPNV** Straßenbahn 37, Haltestelle Barawitzkagasse | **Öffnungszeiten** auf Anfrage, www.zacherlfabrik.at | **Tipp** Im entzückenden japanischen Satagayapark, Oase der Harmonie, kann man dem Alltag entfliehen (7 – 21 Uhr). Sehenswert ist der Salon in der Villa Wertheimstein (Döblinger Hauptstraße 98, Mi 9.30 – 11.30 Uhr, Sa 15 – 17 Uhr).

94 Der Wasserturm
Wasser-Kunst-Versorgung

Auf der Kuppe des Wienerberges, dort, wo der Wienerwald sich am weitesten ins Wiener Becken vorwagt, erhebt sich seit 1899 ein Wahrzeichen von Favoriten und eigentlich von ganz Wien: der Wasserturm.

Seinen eigentlichen Zweck darf er nur etwa zehn Jahre lang erfüllen. Da versorgt er die höher gelegenen Teile der Bezirke Meidling und Favoriten mit Trinkwasser – der Wasserbehälter Wienerberg hatte dafür nicht ausgereicht. Der Wasserbedarf von Wien ist Ende des 19. Jahrhunderts nach der Eingemeindung der Vororte nämlich explodiert. Schon wird eifrig an der II. Wiener Hochquellenleitung gebaut, die 1910 in Betrieb geht und den Wasserturm eigentlich überflüssig macht. Man wird ihn nur noch für Not- und Wartungsfälle konservieren und 1956 endgültig trockenlegen.

Als einzigartiges künstlerisches Beispiel des industriellen Historismus bleibt er der Nachwelt glücklicherweise erhalten. Der Turm steht unter Denkmalschutz und unter dem Schutz der Haager Konvention. Äußerlich ist er einem mittelalterlichen Turm nachempfunden, in Sichtziegelbauweise errichtet, mit Gesimsen und Türmchen verziert, das Kegeldach mit aufwendigen Ornamenten aus glasierten Ziegeln in fünf verschiedenen Farben gedeckt. Mit der Wetterstange an seiner Spitze misst der Turm genau 67 Meter.

Ins Innere gelangt man nur im Rahmen von Führungen. Die werden gratis angeboten, wenn im Turm – seiner neuzeitlichen Bestimmung gemäß – kulturelle Veranstaltungen stattfinden, die das Wasser zum Thema haben. Meist sind es Ausstellungen, und im Rahmen einer Vernissage schraubt man sich dann an der Innenseite des Mauerwerks die 203 Meter lange Aufstiegsrampe empor, den beeindruckenden Behälter aus doppelt genietetem Stahlblech umrundend, der einst 1.000 Kubikmeter Wasser speicherte. So gelangt man bis unter das Dach. In 46 Meter Höhe, auf der Galerie an der Laterne, genießt man einen der schönsten Rundumblicke Wiens.

Adresse Windtentraße 3, 1100 Wien-Favoriten | ÖPNV Straßenbahn 1, Haltestelle Windtenstraße | Öffnungszeiten bei Veranstaltungen, Führungen bei Vernissagen, Infos unter Tel. 01/5995931073 | Tipp Ein Spaziergang durch den Wasserspielpark führt zur »Spinnerin am Kreuz« an der Triesterstraße. Der berühmte gotische Tabernakelpfeiler von Meister Michael (siehe Ort 39) galt jahrhundertelang als ein Wahrzeichen Wiens.

95 Der Kyselak-Obelisk
Graffiti-Taggen im Biedermeier

Der Drang, sich mit seinem Namen auf jungfräulichen Wänden zu verewigen, ist so alt wie die Menschheit. Doch kaum jemand tat dies so früh und so konsequent wie Joseph Michael Kyselak. Am 9. März 1798 in Wien geboren, studiert er nach der Matura am Piaristen-Gymnasium lustlos Philosophie. Durch Beziehungen seines Vaters kommt er als Praktikant bei der k. k. Vitikalfondskassenoberdirektion unter. Hier hätte er sein unbedeutendes Leben zu Ende gefristet, wäre da nicht diese Wette gewesen. Als im geselligen Kreis über das Thema Ruhm und Unsterblichkeit debattiert wird, wettet Kyselak um 100 Gulden, dass es ihm gelingen würde, seinen Namen in der ganzen österreichischen Monarchie bekannt zu machen. Und zwar ohne ein ungeheures Verbrechen oder eine neue Art von Selbstmord zu begehen.

1825 bricht er zu einer Fußreise durch Österreich auf, mit Pinsel und Farbe ausgerüstet. Wo immer er hinkommt, hinterlässt er mit schwarzer Farbe seinen Namenszug, auf Gebäuden und Gebirgsfelsen. Nach eineinhalb Jahren ist er in der ganzen Monarchie bekannt wie ein bunter Hund. »Schwindlig ob des Abgrunds Schauer ragt des höchsten Giebels Zack, und am höchsten Saum der Mauer prangt der Name – KISELAK!«, dichtet launig der Star-Poet des 19. Jahrhunderts, Joseph Victor von Scheffel.

Seine Reise-Erlebnisse veröffentlicht Kyselak 1829 unter dem Titel »Skizzen einer Fußreise durch Österreich« – dank der Berühmtheit, die er durch die eigenhändige Verbreitung seines Namens erlangt hat, sehr erfolgreich. Womit er zum ersten Graffiti-Tagger wird und eine Erfolgsformel im Marketing des 21. Jahrhunderts vorwegnimmt: Erst berühmt werden, dann ein Buch schreiben.

Manche seiner Graffiti existieren bis heute. Wobei die Echtheit oft zweifelhaft bleibt, weil Nachahmer immer neue Kyselak-Originale schaffen. Wahrscheinlich ist der Schriftzug auf der Säule im Schwarzenbergpark gar nicht echt. Oder etwa doch?

Adresse Schwarzenbergallee, 1170 Wien-Hernals | **ÖPNV** Straßenbahn 43 bis Endstation, ein Kilometer Fußweg | **Tipp** In der Straßenunterführung findet man zum Vergleich Werke zeitgenössischer Graffiti-Künstler. In der Umkehrschleife der Linie 43 steht seit 1910 eine Fake-Barock-Kapelle. Die original barocke Anna-Kapelle hatte man 1906 als Verkehrshindernis abgerissen. Schildbürgerstreich!

96 Die Schneekugel-
manufaktur

Der schneesicherste Ort der Welt

Womöglich behalten ja doch jene Klimaforscher recht, die eine kleine Eiszeit herannahen sehen. Derzeit aber gibt es weltweit nur einen Ort, an dem es garantiert ganzjährig schneit: die Schumanngasse 87. Dafür verbürgt sich Erwin Perzy III., Enkel von Erwin Perzy I., der vor 120 Jahren die weltberühmte Wiener Schneekugel erfand. Und zwar aus Versehen. Eigentlich suchte der Chirurgieinstrumentemechaniker nach einer Möglichkeit, die neue Kohlefadenlampe für chirurgische Zwecke zu verbessern. In einer Schusterkugel – einer mit reinem Wiener Hochquellwasser befüllten Glaskugel mit rohrförmigem Ende – experimentierte er mit Stoffen, die Licht reflektieren und damit verstärken sollten. Grieß. Grieß! Märchenhaft langsam sanken die weißen Körnchen herab. Der Lupeneffekt des Wassers ließ sie wie Flöckchen aussehen. Schneeflöckchen! Für einen Freund hatte Erwin I. zufällig eine Miniaturausgabe der Basilika Mariazell angefertigt. Die stellte er in die Kugel, auf einen Sockel, und schuf so den Prototyp der original Wiener Schneekugel.

In seiner Manufaktur hat Erwin III. ein kleines Museum eingerichtet, quasi die Originalwerkstatt von Erwin I. Dazu kann man historische Schneekugel-Unikate bewundern, zum Beispiel die Präsidentenkugel, eine Spezialanfertigung für das Weiße Haus: die Obama-Family en miniature, Portugiesischer Wasserhund inklusive. Leider unverkäuflich.

Zum Verkauf steht dafür die gesamte aktuelle Kugel-Palette. Etwa 250 verschiedene Modelle von 25 bis 120 Millimeter Durchmesser, die bis heute in Handarbeit hergestellt werden. Wenn man etwas Vorlaufzeit einrechnet, kann man sogar ziemlich günstig eine Schneekugel nach eigener Idee entwerfen lassen, für Geschenk- oder Werbezwecke. Wenn man die größte Kugel einmal schüttelt, schneit es drinnen bis zu zwei Minuten lang leichten, flockigen Schnee.

Adresse Schumanngasse 87, 1170 Wien-Hernals, www.schneekugel.at | **ÖPNV** Straßen-bahn 42 bis Endstation Antonigasse | **Öffnungszeiten** Mo–Fr 9–16 Uhr | **Tipp** Echtes Kunsteis bietet die älteste Kunsteisbahn der Welt – 1899 gegründet, seit 1972 auf dem Dach eines Kaufhauses (»Engelmann«, Syringgasse 6). Im Sommer empfiehlt sich Eis vom einzig echten Zanoni-Eissalon (seit 1971, Währinger Gürtel 3).

97 Slatin Paschas Grab

Abenteuer zwischen Feuer und Schwert

Bei Rudolfs Geburt am 7. Juni 1857 in der Schweizerstraße 16 in Ober St. Veit ahnt niemand, dass er, Sohn eines Seidenfärbers, als eine der schillerndsten Persönlichkeiten des Alten Europa in die Geschichte eingehen wird. Obwohl er das ist, was man heute Schulabbrecher nennt. Oder gerade deshalb? Mit 17 verlässt er die Handelsakademie, um in Kairo als Buchhandelsgehilfe zu arbeiten. Erfüllt von Abenteuerlust bereist er Ägypten und den von Ägypten besetzten Sudan. Schließlich verschlägt es ihn in die Hauptstadt Khartum, wo der britische Gouverneur George Gordon ihm anbietet, Gouverneur der Provinz Darfur zu werden. Annehmen kann er Gordons Angebot erst 1878, nachdem er seinen Dienst in der österreichischen Armee abgeleistet hat.

Als die sudanesischen Moslems unter dem Mahdi sich gegen ihre Besatzer erheben, kämpft Rudolf heldenhaft – bis er 1884 in Gefangenschaft gerät. Elf lange Jahre wird er gefoltert, gequält. 1895 endlich gelingt ihm die Flucht. Europa feiert ihn als Helden, er wird allseits geehrt und darf sich »Seine Exzellenz Sir Rudolf Freiherr von Slatin Pascha, General der ägyptischen und Generalmajor der britischen Armee und österreichischer Geheimrat« nennen. Im Ersten Weltkrieg betraut ihn Kaiser Franz Joseph mit der Kriegsgefangenenfürsorge des Roten Kreuzes.

Noch im Jahr seiner Flucht hat er seine Erlebnisse niedergeschrieben. »Feuer und Schwert im Sudan« wird zum Weltbestseller. Das faszinierend authentische Buch über seine Kämpfe mit den Derwischen, die qualvolle Gefangenschaft und die abenteuerliche Flucht wäre womöglich längst vergessen, hätte es nicht Karl May Stoff für seine Trilogie »Im Lande des Mahdi« geliefert. Wodurch es gewissermaßen weiterlebt.

Als der Held am 6. Oktober 1932 zur letzten Ruhe gebettet wird, wähnt man sich bei einem Staatsbegräbnis. Doch auf dem Grabstein steht schlicht: General Rudolf Slatin Pascha.

FAMILIE

SLATIN

Adresse Gemeindeberggasse 34, 1130 Wien-Hietzing, C / 7 / Nr. 7 - 9 | ÖPNV Bus 54A, Haltestelle Stock im Weg | Öffnungszeiten siehe www.friedhoefewien.at | Tipp Auf dem Friedhof Ober St. Veit, einem der schönstgelegenen in Wien, sind unter anderem auch Egon und Edith Schiele und der Komponist Heinrich Gattermeyer begraben. Am höchsten Punkt wurden Ende des 19. Jahrhunderts monumentale Mausoleen erbaut.

FAMILIE
BÖHM

General
RUDOLF SLATIN PASCHA
geb. 7. Juni 1857
gest. 4. Oktober 1932
Dr ADOLF SLATIN
geb. 11. Mai 1861
gest. 29. Juni 1942

98 Der Alte Hornsteinbruch

Stummer Zeuge der Erdgeschichte

Jura, 190 bis 135 Millionen Jahre vor unserer Zeit. In den Tiefen des Urmeeres lagern sich Skelette von Kieselalgen und Einzellern ab, türmen sich auf, erstarren allmählich zu Stein. Die Alpen falten sich auf, bringen das Gestein nach oben. Das Meer weicht zurück und lässt eine markante Anhöhe zurück, die 356 Meter hohe Antonshöhe.

Jungsteinzeit, um 4000 vor unserer Zeit. Auf der Antonshöhe im Maurer Wald herrscht Hochbetrieb. Jugendliche Bergarbeiter, fast noch Kinder, klein und wendig, graben tief ins Innere des Berges, erst einen schmalen senkrechten Schacht, dann, wenn die wertvolle Hornstein-Schicht erreicht ist, waagrechte Stollen. Der solcherart abgebaute rote harte Horn- oder Feuerstein findet reißend Absatz. Er wird zu Steinklingen und Pfeilspitzen geschliffen, die gesamte Region wird damit beliefert. Ist in einem Schacht nichts mehr zu holen, wird er zur letzten Ruhestätte für verstorbene Arbeiter. Erst dann füllt man die Hohlräume mit Aushubmaterial. Bald schon wird die Entdeckung von Metall als Werkstoff den Hornsteinabbau bedeutungslos machen.

Neuzeit, 1924 nach Christus. Die Stadtgemeinde Wien, die den Steinbruch seit 1880 ahnungslos betreibt, lässt Sprengarbeiten durchführen. Da kommen Schächte mit sterblichen Überresten jungsteinzeitlicher Bergarbeiter zum Vorschein, Geräte aus Hornstein und Bruchstücke neolithischer Keramik. Der Steinbruch wird zum Naturdenkmal 441 erklärt. Er gilt als das älteste Industriedenkmal Österreichs.

Neuzeit, 2020 nach Christus. Die Schächte und Stollen sind durch Sprengen und Zuschütten verloren. Und doch meint man, jungsteinzeitliche Spuren in der Form des Geländes zu erahnen und in den abgesplissenen Felsen am Rande des Steinbruchs zu lesen. Manche Menschen spüren die archaische Kraft und den Zauber an diesem Ort, der uns einen Blick in die Tiefen der Menschheitsgeschichte erhaschen lässt.

Adresse Antonshöhe im Maurer Wald, 1230 Wien-Liesing | **ÖPNV** Bus 60A, Haltestelle Kaserngasse; Maurer-Lange-Gasse bis Gasthaus Schießstätte, dann den Wegweisern folgen | **Tipp** Beim Gasthaus steht ein Gedenkstein für den Leiter der Ausgrabungen (1924), den Prähistoriker Dr. Josef Bayer. Mauer ist auch ein traditionsreiches Wiener Weinbaugebiet mit wunderschönen Heurigen (www.weinbauverein-mauer.at).

99 Die Bildeiche

Aufhänger für Erinnerungen

Manchmal begegnet dem Wanderer im Wienerwald noch ein traditioneller Bildbaum – ein Baum, der mit einem Bild geschmückt ist. Meist ist es ein religiöses Motiv, einfach gerahmt oder in einem Holzkasten, das jemand in sicherer Höhe an einen Baum gehängt hat; an einen, von dem man annehmen konnte, dass er schon vor 100 Jahren da stand und weitere 100 überdauern würde. Dauer ist wichtig in so einem Fall, ideal wäre: Ewigkeit. Mit Hilfe dieses Bildes nämlich hat ein Mensch, den wir nicht kennen, den Baum zur Stätte seiner persönlichen Erinnerung gemacht, an etwas, das nie und nimmer vergessen werden darf. Ein schönes Erlebnis zum Beispiel, oder ein kleines Wunder. Ein schreckliches Ereignis. Ein Un- oder Unglücksfall. Eine Rettung aus höchster Not. Ein Versprechen. Ein Gelöbnis. Manchmal gibt ein naiv gereimtes Gedicht einen Hinweis oder eine kleine Geschichte. Oder der Name eines Heiligen. Der heilige Antonius etwa hat wohl jemandem geholfen, etwas Verlorenes wiederzufinden.

Die Bildeiche im Maurer Wald ist irgendwie: anders. Denn an ihr hängt nicht, wie früher üblich, die Erinnerung eines einzigen Menschen. Sie ist ein frei stehender, mächtiger Gemeinschaftserinnerungsbaum; nicht alle Bilder und Gegenstände haben traditionelle christliche Motive; neben Rosenkränzen und Heiligenfiguren finden sich ein Foto von einem Hund, eine in Kinderschrift geschriebene Botschaft, eine Muschel, ein selbst gemaltes Bild, ein Herz, ein Topf mit frischen Blumen. Es scheint, als würden viele junge Menschen ihre Erinnerungen an diesen Baum hängen.

Eine alte Tradition erwacht zu neuem Leben: eine Antwort auf Sehnsüchte, die in unserer modernen Welt längst zu kurz kommen. Frei und einladend steht die Bildeiche da, strahlt Kraft und Sicherheit aus, Trost und Hoffnung auf ein (fast) ewiges Leben. Dieser Ort heißt jeden Besucher willkommen und regt ihn an, seinen Gedanken nach- oder diese aufzuhängen.

Adresse im Maurer Wald, 1230 Wien-Liesing | **ÖPNV** Bus 60A, Haltestelle Kaserngasse; Maurer-Lange-Gasse bis Gasthaus Schießstätte, dann den Wegweisern folgen | **Tipp** Auf dem nahen Georgenberg erhebt sich die Kirche des Bildhauers Fritz Wotruba, gegen alle Widerstände 1976 erbaut. 152 Betonblöcke türmen sich mit verschieden hohen Fensteröffnungen auf- und ineinander zu einem kraftvollen Ganzen.

100 — Die Sargfabrik

In die Kiste gesprungen

Es ist gar nicht lange her, da konnte man neben dem Eingang lesen: »SAE – Sargerzeugung Atzgersdorf. Anmeldestelle für Todesfälle. Auskunft beim Portier«. 2013 hat die Stadt Wien die Sargerzeugung stillgelegt. Ja, selbst in Wien stirbt man heutzutage anders, das todsichere Geschäft ist in eine Dauerkrise geraten. Der Trend geht zu Einäscherung und Naturbestattung, das ist billiger und erspart den Hinterbliebenen die Grabpflege.

In dem imposanten Industriebau wurde nicht immer diese besondere Art von Kiste gezimmert, in die der Mensch am Ende springt. Bereits 1916 hat die Firma Max Koffmahn ihre Pforten geöffnet, und bis zum Beginn des Plastik-Zeitalters in den 1960ern erzeugte man hier Holzkisten aller Art zum Transport von Waren aller Art. Massenware und Spezialanfertigung, mit oder ohne Firmenemblem, für Post und Bahn, Bierbrauereien und Kracherlerzeuger.

Die 250 Arbeiter sind damals stolz auf ihre Arbeitsstätte – ganz im Sinn des Architekten Hubert Gessner. Er will das Selbstbewusstsein der aufstrebenden Arbeiterklasse stärken, mit Arbeitsstätten, die nicht nur funktionell sind, sondern auch schön. Das gilt ebenso für Wohnungen. Und so wird Gessner – Klassenkamerad von Adolf Loos an der Staatsgewerbeschule in Brünn, Schüler und Mitarbeiter Otto Wagners und Freund Viktor Adlers – in der Zwischenkriegszeit im »Roten Wien« den sozialen Gemeindebaustil erfinden, liebevoll ironisch »Volkswohnungspalast« genannt: mehrgeschoßig, gediegen und detailreich gestaltet, mit begrünten Höfen.

Symmetrie, ausgewogene Proportionen, ein klarer Grundriss und mit glasierten Ziegeln gestaltete Fassaden zeichnen den Industriebau aus. Er steht unter Denkmalschutz. Ein alternativer Kulturverein hat im reizvoll skurrilen Ambiente ein Versuchslabor installiert. Flohmarkt, Bauernmärkte, Filmdrehs, Kino, Performance oder Modenschau – alles ist möglich. Seine ewige Bestimmung jedoch muss der Ort erst finden.

Adresse Breitenfurter Straße 176, 1230 Wien-Liesing | **ÖPNV** Bus 62A, Haltestelle Campingplatz Wien Süd | **Öffnungszeiten** bei Events, Infos unter www.f23.at | **Tipp** Einer der bemerkenswerten sozialen Wohnbauten von Hubert Gessner ist die Wohnkolonie Liesing (Elisenstraße 36). Am Rosenhügel (Engelshofengasse 2–4) kann man die denkmalgeschützten Reste der legendären Filmstudios aus den 1920ern sehen und für Events mieten.

101 Das Heliometer

Die größte Astromessanlage der Welt

1884 hängt der Himmel über Ottakring, das längst noch ein Dorf ist, voller Sterne. Nach diesen greift Moritz von Kuffner (60), Besitzer der Ottakringer Brauerei und einer der 100 reichsten Wiener. Seine erste Leidenschaft, das Besteigen hoher Berge, weckt seine zweite große Liebe: die zu den Sternen. In den Bergen nämlich erlebt er das Wunder eines von künstlichem Licht vollkommen freien Himmels. Moritz lässt in der Abgeschiedenheit eines riesigen Parks am Osthang des Gallitzinbergs vom Architekten Franz von Neumann seine private Sternwarte errichten, für umgerechnet etwa eine Million Euro. Er stattet sie mit den modernsten, präzisesten Instrumenten aus und stellt herausragende Astronomen ein. Die Sternwarte wird ein führender Ort der Astronomie.

Unter der Kuppel im Hauptgebäude verbirgt sich der Große Refraktor, ein leistungsstarkes Fernrohr mit mehreren Linsen zur Beobachtung von Sternen und Himmelskörpern. Die Kuppel im zweiten, etwas später errichteten Turm beherbergt ein wahres Wunderwerk der Technik – zu seiner Zeit eine Weltsensation: das Heliometer. Ursprünglich misst es die Abweichungen im Durchmesser der Sonne zu den verschiedenen Jahreszeiten. Später bestimmt man damit vor allem die Entfernung der Gestirne zur Erde.

Der Erste Weltkrieg setzt der Forschung jäh ein Ende. Im Zweiten wird der Jude Moritz von Kuffner vertrieben, die Sternwarte arisiert. Ein 1982 gegründeter Verein rettet sie vor dem drohenden endgültigen Verfall. Als Volkssternwarte ist sie nun zu neuem Leben erwacht. Hier kann man unkompliziert astronomisches Wissen erwerben und vertiefen. Geduldige Studenten führen kompetent und gratis durch die historischen Gebäude, leiten zur Beobachtung der Sonne, der Sterne und Planeten an. Von der Galerie des Turms im Hauptgebäude hat man einen großartigen Blick auf die Stadt und das Meer von Lichtern, die mit den Gestirnen um die Wette leuchten.

Adresse Johann-Staud-Gasse 10, 1160 Wien-Ottakring, www.kuffner-sternwarte.at |
ÖPNV Bus 46B, Haltestelle Ottakringer Bad | **Öffnungszeiten** offene Sternwarte So, Mo
20 Uhr bei jedem Wetter, Mi, Do 20 Uhr bei niederschlagsfreiem Wetter, Gebäudeführung
So 18 Uhr, Sonnenbeobachtung So 14 Uhr | **Tipp** In etwa 15 Minuten spaziert man zur
prächtigen schneeweißen Ganserlburg alias Villa Novak (1886, Gallitzinstraße 97).

102 Das türkische Gartl

Fix Laudon!

Der berühmte Feldherr Gideon Ernst Freiherr von Laudon (60) kauft im Jahr 1777 das Wasserschloss in Hadersdorf, lässt es umbauen und in eine riesige Parklandschaft einbetten. Hier will er sich nach seinen großen Siegen für die Kaiserin Maria Theresia endlich zur Ruhe setzen.

Doch alles kommt ganz anders. Nur ein Jahr später holt man ihn aus seiner Pension zurück. Der tollkühne Sieger in der legendären Schlacht bei Kunersdorf 1759 gegen Friedrich den Großen (der Gideons Bewerbung für die Preußische Armee einst abgewiesen hat, verdammt!) ist für die Kaiserin und ihren Sohn Joseph II. einfach unentbehrlich. Unter anderem muss Gideon wieder einmal einen Feldzug gegen die Türken anführen. Im Oktober 1789 erobert er (72) Belgrad und bringt von seinem letzten Triumph besondere Souvenirs mit: marmorne Grabplatten osmanischer Militärs. Sie sollen künftig sein eigenes Grabmal schmücken. Er plant es im eigens angelegten »Türkischen Gartl«, ein Stück gepflegt »verwilderter« Natur am Rande seines Schlossparks. Und wieder kommt alles anders. Gideon stirbt kein Jahr später, im Juli 1790. Mozart komponiert die berühmte Trauermusik für Flötenuhr KV 594 auf seinen Tod. Witwe Clara bestattet den Verblichenen zwar im »Türkischen Gartl«, doch zunächst in einem unscheinbaren Erdhügel. Später lässt sie von Franz Zauner einen Grabtempel erbauen, inmitten eines »bloßen Rasenplatzes, mit Pappeln, Zypressen und Tränenweiden besetzt«. Davor kniet lebensgroß ein Krieger, tief trauernd um den großen Feldherrn – der aber niemals hier bestattet wird. Das Grab bleibt leer: ein Kenotaph.

Die türkischen Grabtafeln setzt man später, etwas oberhalb im Wald, zu einer Art Denkmal zusammen, stümperhaft. Das leere Grab steht heute statt in einem »Türkischen Gartl« in einer Wiener Gstettn. Das echte Laudon-Grab bleibt unauffindbar. Verdammt! Oder, wie die Kaiserin angeblich zu sagen pflegte: Fix Laudon!

Adresse Nähe Mauerbachstraße 47, 1140 Wien-Penzing | **ÖPNV** Bus 450, Haltestelle Kasgraben, Stadtwanderweg 8 stadteinwärts folgen | **Öffnungszeiten** immer zugänglich | **Tipp** Der Weg führt weiter zu den Türkensteinen. Von dort zweigt man zum Gedenkstein für Heimito von Doderer ab. Der Dichter der »Strudlhofstiege« kam im Forsthaus von Schloss Laudon zur Welt, das an dieser Stelle stand.

103__Der Wald der Ewigkeit

Friedhof der Namenlosen

Vielleicht liegt ein Herz aus roten Blüten im gelbbraunen Herbst-laub, vielleicht umarmt gerade jemand innig einen Baum. Mitunter knirscht ein Mountainbike auf der vorbeiführenden Schotterstraße. Vom Frühling bis zum frühen Sommer kann man dem Balzgesang der Vögel lauschen, später im Jahr hört man trockene Blätter rieseln, wie Regentropfen.

Nach Kreuzen, Kerzen oder Kränzen hält man vergeblich Aus-schau auf diesem besonderen Friedhof. Denn die Asche der Ver-storbenen wird unsichtbar unter Wurzeln von Buchen und Eichen vergraben, in Gefäßen, die sich im Erdreich auflösen, nach und nach. Die Asche nährt die Bäume und wird eins mit der Natur. Eine archai-sche Art der Bestattung? Nein, eine Idee des 21. Jahrhunderts. In dem Maß, in dem der Mensch aufhört, sichtbarer Teil einer Gemein-schaft zu sein, entscheidet er sich auch im Tod für die Namenlosig-keit, nur enge Angehörige wissen um diesen Ort. Die Erinnerung der Gemeinschaft an einen Menschen, der einst Teil von ihr gewesen ist, an seinen Namen, seine Lebensdaten, verliert ihre Bedeutung.

Am Fuße von Baumstämmen blitzen nummerierte Metallblätt-chen auf, weiter oben verkünden Schleifen das, was die Lebenden sich über den Tod hinaus von Herzen wünschen: Frieden, Liebe, Treue, Freude, Freiheit, Weisheit, Dankbarkeit, Vergebung und Erin-nerung. In dem sanft ansteigenden »Friedwald« wurzelt jenseits von Konfessionen die Sehnsucht nach Unsterblichkeit, keimt die Hoff-nung auf den Fortbestand des Lebens. Hier, so scheint es, kann man dem Menschen, der einem etwas bedeutet hat, am nächsten sein. An diesem wunderbar friedlichen Kraftort kann sich jeder sammeln und an liebe Menschen denken, sich auf einer Holzbank niederlassen oder umherstreifen.

Der hohe Laubwald lässt zu jeder Jahreszeit den Himmel ahnen. Selbst wenn der Wind schläft, spürt man einen Hauch, fühlt man die Blätter atmen, in lichter Dunkelheit, lebendig still.

Adresse Nähe Mauerbachstraße 47, 1140 Wien-Penzing | **ÖPNV** Bus 249, 250, 450, Haltestelle Kasgraben; Forststraße etwa 600 Meter bergauf folgen, links in den Wald gehen | **Öffnungszeiten** immer zugänglich | **Tipp** Der Freskensaal im Schloss Laudon, einziges Wasserschloss Wiens und einst im Besitz des gleichnamigen Feldherrn (siehe Ort 102), ist bei Konzerten der Sommerakademie (Juli, Aug.) öffentlich zugänglich (www.emi-vienna.com).

104_ Das Ziegelmuseum

Ziegel erzählen Geschichte(n)

Der Paläontologe Gerhard Zsutty herrscht in Penzing über ein wahres Imperium. 12.000 Ziegel! Quasi zwei Legionen. Ja, alles beginnt mit den Römern. Wo sie hinkommen, bringen sie ihre Ziegel mit und mit ihnen die Kunst, sie herzustellen und architektonisch wirksam einzusetzen. Als sie wieder abziehen, nehmen sie auch die Ziegel mit. Die nächsten 1.000 Jahre lebt Österreich wieder in der Stein-Zeit. Erst im Mittelalter entdeckt man die vergessene Baukunst neu, und wieder spielen die Römer eine tragende Rolle. Wander-Handwerker aus Italien suchen Tonvorkommen, brennen Ziegel und helfen beim Verbauen – möglichst alles am gleichen Ort, denn der Transport ist teuer. Lange Zeit bleibt das Ziegelmachen ein Privileg der Herrschenden. Als der steigende Bedarf die herrschaftlichen Ziegelmanufakturen überfordert, hebt Maria Theresia 1750 das Privileg endlich auf.

Es gibt ein vorgeschriebenes Ziegelmaß von 29 mal 14 mal 6,5 Zentimeter, und jeder Eigentümer eines Ziegelofens muss seine Ziegel »mit einem eigenen gewissen und kennbaren Zeichen« versehen. Was der Qualitätssicherung dienen sollte, hat heute hohen historischen Wert. Initialen, Stempel und Wappen erzählen das spannende Leben jedes einzelnen Ziegels.

Dem Besucher des Museums bietet sich ein höchst erfreulicher Anblick.

Die Geschichte der Ziegelarbeiter jedoch ist: unerfreulich. Auf der untersten Stufe der Gesellschaft werden sie schamlos ausgebeutet. Die Wienerberger Ziegelfabrik bildet eine rühmliche Ausnahme – solange Alois Miesbach sie besitzt. Kaum ist sie in eine Aktiengesellschaft umgewandelt, hält blanke Profitgier Einzug: Bereicherung weniger auf Kosten vieler. Victor Adler deckt 1889 mit seiner Undercover-Reportage die unhaltbaren Zustände auf. Was zur Gründung der Sozialdemokratischen Arbeiterpartei führt (siehe Ort 26). Arbeitsbedingungen werden danach allerorts verbessert. Am Prinzip ändert das leider: nichts.

Adresse Penzinger Straße 59, 1140 Wien-Penzing, www.ziegel.at | **ÖPNV** U 4, Station Hietzing | **Öffnungszeiten** Sept.–Juni 1. und 3. So 10–12 Uhr | **Tipp** Im prächtigen Töpfelhaus wohnte der gleichnamige Penzinger Bürgermeister (um 1740, Penzinger Straße 34). Auch zum geschichtsträchtigen Palais Cumberland (1745) – es beherbergt das berühmte Max-Reinhardt-Seminar – ist es nicht weit (Penzinger Straße 11).

DURVAY Antal
Pressburg/Bratislava

BELEDER DAMPFZIEGELEI
(Istvan SZABO & Co.)

ERZHERZOG ALBRECHT ?

105 Das Geymüllerschlössel

Vorwärts ins Biedermeier

Üblicherweise kennt man das Kleinod nur dem Namen nach, ohne jemals dort gewesen zu sein. Von einem weitläufigen Park umgeben, liegt es ein wenig abseits, in Nachbarschaft eines Friedhofs aus der Barockzeit. Der Wiener Bankier Johann Jakob von Geymüller, ein gebürtiger Schweizer, lässt das Schlössel 1808 für sich und seine Gattin Clara als Sommergebäude bauen. Da ist Pötzleinsdorf noch ein beschauliches Dorf – lange bevor die stadtmüden Städter es als Ort der Sommerfrische entdecken und die Gemeinde Wien es sich einverleibt. Mit der Kutsche braucht man mehr als eine Stunde bis zum Schottentor. Das biedermeierliche Lustgebäude, im späten Empire-Stil erbaut, ist gleißend weiß, mit dunkelgrünen Fensterläden. Die spitzbogigen Elemente wirken gotisch und orientalisch zugleich, den First ziert ein goldener Halbmond.

Nach Geymüllers Tod wechselt das Schlössel einige Male den Besitzer, bis der Textilgroßindustrielle Isidor Mautner es am 3. Mai 1888 seiner Frau Jenny zum Geburtstag schenkt. Die künstlerisch veranlagten Kinder erinnern sich später an unbeschwerte Zeiten mit rauschenden Festen im Stil des Biedermeier; an bedeutende Künstler und Intellektuelle, die gastlich empfangen werden. Zum Beispiel Richard Strauss. Er ist hier so gut wie zu Hause, ehe er in Wien eine eigene Bleibe findet. Nach dem Niedergang des Mautner'schen Imperiums mit 40 Fabriken und 23.000 Mitarbeitern kommt das Schlössel samt Park in den 1920ern in den Besitz der Nationalbank.

Heute ist es eine Expositur des MAK (Museum für Angewandte Kunst). Ein mit Mobiliar, Tapeten, Teppichen und Luster aus den Jahren 1800 bis 1840 original ausgestattetes Gesamtkunstwerk, einzigartig in Österreich. Über das ganze Haus sind 160 kostbare Altwiener Stand-, Pendel- und originelle Bilderuhren verteilt. Symbolisch. Die Zeiger drehen sich weiter, die Zeit jedoch ist an diesem Ort stehen geblieben.

Adresse Pötzleinsdorferstraße 102, 1180 Wien-Währing, www.mak.at/standorte | **ÖPNV** Straßenbahn 41, Haltestelle Pötzleinsdorf, Bus 41A, Haltestelle Khevenhüllerstraße | **Öffnungszeiten** Mai – Dez. So 11 – 18 Uhr | **Tipp** Im Park verbindet sich das 19. mit dem 21. Jahrhundert, im »Skyspace« von James Turrell und Hubert Schmalix' Skulptur »Der Vater weist dem Kind den Weg«.

106 Das singende Quartett

Dem Raub der Flammen entkommen

Nicht weit vom Haupttor des Pötzleinsdorfer Schlossparks entdeckt man oben auf der Wiese eine weibliche Figur aus Stein. Überlebensgroß, jung, anmutig öffnet sie ihren Mund, als ob sie singen wollte. Sopran? Ganz in ihrer Nähe wirft sich ein junger Mann in Pose: Eindeutig ein Tenor! In einigem Abstand, den beiden zugewandt, findet man die Altistin und schließlich hinter einem Baum versteckt den Bass.

Der Bildhauer Friedrich Steger hat sie erschaffen, als Wahrzeichen für die 1874 fertiggestellte Komische Oper am Wiener Schottenring, später in Ringtheater umbenannt. Dort standen sie hoch oben auf der Attika – bis zum schicksalhaften Abend des 8. Dezember 1881.

Es ist kurz vor 19 Uhr. Die Besucher nehmen ihre Plätze ein, in froher Erwartung von »Hoffmanns Erzählungen«. Allmählich wird es hell auf der Bühne. Gleich wird sich die vierte Reihe der Gas-Soffittenlampen elektrisch entzünden. Fehlversuch! Gas sammelt sich – und explodiert beim zweiten Versuch. Schon steht der Beleuchtungskasten in Flammen. Dann der darüberhängende Saalprospekt mit Vorhängen. Panik! Löschversuche misslingen. Niemand lässt die Drahtkourtine herunter. Künstler und Arbeiter retten sich durch die rückwärtige Rolltür ins Freie, während die einströmende kalte Luft das Feuer nährt. Jemand dreht übereifrig die gesamte Beleuchtung ab. Die Zuschauer, starr vor Entsetzen, sitzen in der Falle. In totaler Finsternis stolpern sie blind durch enge Gänge, über Treppen, finden keine Türen, behindern sich gegenseitig, ersticken am Rauchgas. Mindestens 382 Menschen kommen ums Leben. Die genaue Zahl ist unbekannt, es könnten 800 gewesen sein. In der Folge werden die heute noch geltenden, äußerst strengen Brandschutzbestimmungen erlassen.

Die steinernen Sänger singen unversehrt im Schlosspark, genauso angeordnet wie einst auf dem Ringtheater, als Zeugen des schlimmsten Brands der europäischen Theatergeschichte.

Adresse Geymüllergasse 1, 1180 Wien-Währing | **ÖPNV** Straßenbahn 41, Endstation | **Öffnungszeiten** Mo–Fr ab 7 Uhr, Sa, So, Feiertag ab 8 Uhr | **Tipp** Der »Währinger Frauenweg« im Schlosspark informiert auf zehn Schautafeln über Errungenschaften der Frauenbewegung. Ein Gedenkstein erinnert an einen Dichter der Aufklärung, den Freimaurer Johann Baptist von Alxinger (1755–1799).

107__ Die Daisyworld

Flower Power ohne Blümchen

Wir schreiben das Jahr 1959. »Welches Dekor hier draufkommt? Keines!« Porzellan ohne Dekor! Diese revolutionäre Idee hat der kriegsbedingt emigrierte Porzellanfabrikant Kurt Lichtenstern aus der schnörkelfrei schönen Neuen Welt mitgebracht – ebenso wie seinen neuen Namen: Dr. Conrad Henry Lester.

Okay. Das neue Design »Daisy« wird also dekolos in sechs Pastellfarben erzeugt. Dann der Schock: Die Farbtöne lassen sich nicht durchgängig ohne Abweichungen produzieren. Krisensitzung im Konferenzraum. What now? Alles einstampfen? Keramik-Ingenieur Nikolaus Lengersdorff findet spontan die Lösung: Mix & Match! Die technische Not wird zur Marketing-Tugend erhoben. »Frohgelaunt den Tag beginnen mit Daisy Melange!« Farbabweichungen sind schnurzegal, jeder Teil passt zu jedem und ist überdies einzeln und überall erhältlich, mit 20 Jahren Nachkauf-Garantie. Der Traum jeder sparsamen Hausfrau der Nachkriegszeit geht in Erfüllung.

Genial und neuartig ist nicht nur das Produktionskonzept, sondern auch die Werbelinie. Die Stars der »Radiofamilie« werden für legendäre Fernsehspots geworben: Guido Wieland, Vilma Degischer, Hans Thimig. Der Siegeszug ist nicht mehr aufzuhalten – kein 60er-Jahre-Haushalt ohne Daisy.

Die Erfolgsgeschichte in Lila, Lindgrün, Himmelblau, Zitronengelb und Rosa ist Herzstück des Geschirrmuseums Wilhelmsburg. Eine originalgetreu eingerichtete Küche beamt jeden, der die Zeit erlebt hat – als Kind, Jugendlicher oder Erwachsener –, augenblicklich in die 1960er zurück. Wie die Möbel, die Haushaltsgeräte, ja sogar die Zimmerpflanzen einander damals gleichen! Kaum zu glauben. Ob spätere Generationen die 2020er ähnlich prägend empfinden werden?

Daisy ist längst nicht alles, was das ehemalige Fabrikgelände zu bieten hat. Die gesamte Geschichte des Hauses seit dem 18. Jahrhundert wird vielfältig und äußerst unterhaltsam aufgerollt.

Adresse Färbergasse 11, 3150 Wilhelmsburg, Tel. 02746/4644, www.daisyworld.at | Anfahrt
A 1 Ausfahrt St. Pölten Süd, B20 bis Färbergasse folgen | Öffnungszeiten Mai–Okt.
Mi–Fr 8.30–12 und 13–15 Uhr, Sa und jeden 1. So im Monat 8.30–12 Uhr | Tipp Ganz
in der Nähe findet man Reste der mittelalterlichen Ringmauer, die Wilhelmsburg 1529 und
1683 vor den Türken schützte.

108__ Die drei Galgen

Schauriger Ort mit schöner Aussicht

Man würde die drei Säulen wohl gar nicht beachten, sich seelenruhig unweit davon auf einer Bank niederlassen und die Aussicht auf Wilhelmsburg genießen. Etwa fünf Meter hoch, stehen sie im Dreieck am Waldesrand. Abbröckelnder Putz gibt den Blick auf Ziegel und Steine frei. Scheinbar ohne Sinn oder Zweck ragen sie in den Himmel, wie viel zu hoch geratene Pfeiler in einem nie errichteten Gartenzaun. Da entdeckt man ganz oben Ausnehmungen, in die jene Holzbalken passen, von denen jahrhundertelang Delinquenten baumelten. Wie sie sich wohl gefühlt haben mögen, den Weg hinauf auf den Dingelberg, ehe man ihnen die Hände fesselte und die Augen verband? Schauerliche Vorstellung.

Tod durch Erhängen ist ab dem Mittelalter eine ebenso brutale wie beliebte Art der Hinrichtung. Meist wird der Galgen weithin sichtbar aufgestellt, als abschreckendes Mahnmal. In welchem Jahr die Herrschaft von Schloss Kreisbach oder die von Stift Lilienfeld den Galgen errichten lässt, ist ungewiss. Fest steht: Beide haben die Halsgerichtsbarkeit inne und somit das Recht, über Delikte zu urteilen, die mit der Todesstrafe bedroht sind. Der Galgen, so sagt man, sei ja ursprünglich an der Straße nach Kreisbach gestanden. Ein zart besaiteter Lilienfelder Abt, der bei seinen Visitationen daran vorbeimusste, habe ihn 1790 auf den Dingelberg versetzen lassen. Wahrscheinlich hat man den Galgen aber viel früher errichtet, zur Zeit der Aufstände im 16. Jahrhundert etwa, als wütende Bauern Schloss und Stift überfielen. Das fortschrittliche Josephinische Strafgesetz nämlich schaffte die Todesstrafe 1787 ab. 1803 führte Kaiser Franz I. sie wieder ein, und erst 1968 wurde sie endgültig aus der österreichischen Gesetzgebung getilgt.

Heute dient der Aufstieg zum alten Richtplatz garantiert nur touristischen Zwecken. Wobei man am Wegesrand im Sommer und Herbst köstliche Beeren und Früchte naschen kann – kleine Erinnerung an die Henkersmahlzeit von anno dazumal.

Die Galgenleitn

Die drei Galgen sind düstere Zeugen
aus einer Zeit als geistliche und weltliche
Herren das Recht der Halsgerichtsbarkeit
hatten, kurz, ihre Untertanen erhängen
lassen konnten.
Die Galgen standen ursprünglich an der
Straße nach Kreisbach. Ein sensibler
Lilienfelder Abt, der bei seinen Visitationen
immer an den Galgen vorbeifahren mußte,
verabscheute diesen gruseligen Anblick
und ließ diese auf den Dingelberg versetzen.
Seither heißt dieser Hang "Galingleitn"

Adresse Kreisbach Bahnhof, 3150 Wilhelmsburg | **Anfahrt** A 1 Ausfahrt St. Pölten Süd, B 20 bis Wilhelmsburg, beim Bahnhof parken, Dingelbergstraße und Fußweg folgen | **Tipp** Das Schloss Kreisbach (Kreisbacher Straße 27) bietet von April bis Oktober gegen Voranmeldung Führungen an. Im Sommer gibt es sonntags von 9 bis 17 Uhr Frühstück und Mittagessen auf der Terrasse (www.kreisbach.at).

109 Das Kastell Cannabiaca

An der Grenze des römischen Reiches

An kaum einem Ort in Österreich mischt sich antike Vergangenheit so selbstbewusst unbekümmert mit der alltäglichen Gegenwart wie in Zeiselmauer. Zwischen Einfamilienhäusern ragen beachtliche, in Österreich beispiellose Reste eines spätrömischen Mini-Kastells hervor, auch Burgus genannt. Sein Innenhof war noch vor nicht allzu langer Zeit modern bebaut. Beim Entfernen der Häuschen entdeckte man den Grabstein des Aelius Aemilius, Soldat der Zweiten Thrakerkohorte, und seiner Frau Amuca und einen Weihealtar. Die Originale kann man im Gemeindeamt bewundern, eine Replik steht vor Ort. Reste des Kommandogebäudes befinden sich unter der Kirche. Der landesweit einzige erhaltene Rest eines Fächerturms möbliert einen privaten Garten. Ein Stück römischer Mauer quert das Gelände der Volksschule, und das östliche Lagertor nützt man bis heute als Körnerkasten. Es ist das größte erhaltene Gebäude seiner Art. Das Kastentor, nirgendwo sonst am Donaulimes zu sehen, ist zur Hälfte im Erdreich verschwunden. Ja, das Kastell lag auf einer erhöhten Schotterterrasse zwischen Donau und Wienerwald, vor Überschwemmungen perfekt geschützt.

Eine ganze Kohorte war hier seit dem Jahr 80 stationiert – eine berittene Truppe von etwa 500 Mann – auf halbem Weg zwischen Comagena alias Tulln und Arrianis alias Klosterneuburg. Die Römerstraße von einem Lager zum anderen, erstaunlich gut befestigt und geführt, gibt es immer noch. Allerdings unter dem prosaischen Namen B14 und nicht mit ewig haltbaren Quadersteinen gepflastert, sondern schlicht asphaltiert.

Fünf Jahrhunderte sichert der Donaulimes die nördliche Grenze des Römischen Reiches. Dann geht das Weströmische Reich unter, und Cannabiaca verschwindet mehrere hundert Jahre von der Bildfläche. Erst im Mittelalter wird es als Zeiselmauer wiedergeboren, auf dem Grundriss spätrömischer Militärarchitektur, die den Ort bis heute auf faszinierende Weise prägt.

Adresse Kirchenplatz, 3424 Zeiselmauer | **Anfahrt** B 14 bis Zeiselmauer nehmen, am Kirchenplatz parken, Wegweiser »Römerweg« folgen | **Öffnungszeiten** jederzeit zugänglich | **Tipp** Der römische Schauraum im Gemeindeamt (Bahnstraße 6) ist zu Geschäftszeiten der dortigen Bäckerei frei zugänglich (Mo–Fr 6–13 Uhr, Do 6–18 Uhr, Sa 6–12 Uhr, So, Feiertage 7.30–11 Uhr).

110 __ Zum lustigen Bauern

Tandaradei sang schön die Nachtigall

Walther von der Vogelweide, berühmtester Dichter des Mittelalters, könnte genauso gut ein Phantom sein – wäre er nicht am 12. November 1203 bei Bischof Wolfger von Erla zu Gast gewesen, im Passauer Hof in Zeiselmauer, auf römischen Grundmauern erbaut. Gott sei Dank hat Wolfger sein Reiserechnungsbuch so akribisch geführt! »Walthero cantori de Vogelweide pro pellicio v solidos longos«, ist da vermerkt. Fünf lange Schillinge für einen Pelzmantel erhält der Dichter also, rechtzeitig vor Einbruch des Winters. Was bedeutet, dass er, wenn schon nicht adelig, so doch sozial angesehen und gut gestellt ist. Denn so wertvolle Pelze sind dem inneren Kreis des Bischofs vorbehalten.

Walther muss ungefähr 30 Jahre alt sein und hat wohl einige Zeit am Babenberger Hof zu Wien verbracht. »Ze Ôsterrîche lernt ich singen unde sagen.« Wo und wann genau er geboren ist, darüber wird bis heute gerätselt. Der Eintrag im Reiserechnungsbuch bleibt der einzige Beweis, dass er überhaupt existiert hat. Alles andere schließen wir aus seiner eigenen Dichtung und aus der seiner Kollegen. Und Dichtung ist ja bekanntlich nicht unbedingt Wahrheit. Bei Wolfram von Eschenbach verkörpert Walther den Sänger im »Parzival«. Und Gottfried von Straßburg besingt ihn in seinem »Tristan« als den größten Lyriker überhaupt.

Ob eines seiner schönsten mittelhochdeutschen Gedichte »Unter der Linden« von dem lieblichen Ort inspiriert ist, vor dem Wienerwalde in dem Donautal? »Vor dem walde in einem tal, tandaradei, schöne sanc diu nahtegal.«

Gedichte sind auch die Gerichte, die Norbert C. Payr im Lustigen Bauern kredenzt, wo Walther einst mit Wolfger speiste. Passend zur antiken Vergangenheit von Zeiselmauer alias Cannabiaca (siehe Ort 109) kocht der Botschafter der römischen Kochkunst auf Wunsch sogar nach Originalrezepten des Feinschmeckers Marcus Gavius Apicius – Panis militaris und Vinum originalis inklusive.

Adresse Kirchenplatz 1, 3424 Zeiselmauer, Tel. 02242/70424, www.zumlustigenbauern.at |
Anfahrt B 14 folgen | **Öffnungszeiten** Mi und Do 11–14.30 und 18–23 Uhr, Fr–So
11–23 Uhr | **Tipp** An der Straße nach Tulln steht bei Nitzing ein original römischer
Meilenstein in situ, also an seinem Aufstellungsort, seit 217 nach Christus, 26 Meilen von
Cetium (St. Pölten) entfernt.

111 Das AKW-Museum
Ein Atomkraftwerk im Konjunktiv irrealis

Sommer 1978. Die Atomkraft ist in ganz Europa auf dem Siegeszug. Ganz Europa? Nein! Das kleine Österreich leistet Widerstand, mit hartnäckigen Bürgerprotesten. Bundeskanzler Bruno Kreisky will sich absichern und lässt die erste Volksabstimmung der Zweiten Republik abhalten. Damit die ÖsterreicherInnen sich sicher für die Atomkraft entscheiden, wirft er sich selbst in die Waagschale: Er verspricht zurückzutreten.

Das Undenkbare geschieht: Das Volk stimmt mit 50,47 Prozent gegen die Inbetriebnahme des fertigen Atomkraftwerks. Kreisky tritt zurück. Die Betreibergesellschaft hofft auf das Gras, das allmählich über die Sache wachsen würde. Das Kraftwerk fällt in ein Wachkoma. Als könnte es jeden Moment in Betrieb gehen, erhalten 200 Mitarbeiter es rund um die Uhr am Leben. Erst 1986 macht die Reaktorkatastrophe von Tschernobyl jede Hoffnung zunichte. Die lebenserhaltenden Maßnahmen werden abgestellt.

Lange schon wäre Zwentendorf nicht mehr in Betrieb. Längst hätte das mühsame Abwracken begonnen. Das hoch radioaktive Material hätte 100.000 strahlende Jahre vor sich, in einem nie gebauten Endlager. Stattdessen wird auf dem Gelände heute mit Fotovoltaik Sonnenstrom erzeugt. Das Kraftwerk dient als Schulungszentrum für Atomtechniker, realitätsnah und strahlenfrei. Und der interessierte Besucher kann sich ins analoge Zeitalter zurückbeamen, in eine längst vergangene Zukunft, die nie stattgefunden hat. Fast wähnt man sich in einem alten James-Bond-Film. Jeden Moment könnte der blonde Bösewicht mit dem goldenen Gebiss auftauchen, den 007 nach minutenlangem erbitterten Kampf auf der knallorangen Hebebühne mit einem Kinnhaken in die grauenhafte Tiefe des Reaktors befördern würde, aus dem es kein Entrinnen gäbe. Ja, hier wären die Brennstäbe eingesetzt worden, Neutronen hätten sich gespalten und durch Kettenreaktionen Energie erzeugt und strahlenden Müll. Wenn, ja: wenn.

Adresse Sonnenweg 1, 3435 Zwentendorf | **Anfahrt** B 19 folgen, Hauptstraße und Tullner Straße bis Sonnenweg nehmen | **Öffnungszeiten** bei Führungen, Infos unter www.zwentendorf.com | **Tipp** Auf dem einzigen Rumänenfriedhof Österreichs (Mariahilfergasse) sind Kriegsgefangene und Zwangsarbeiter des Ersten Weltkriegs begraben.

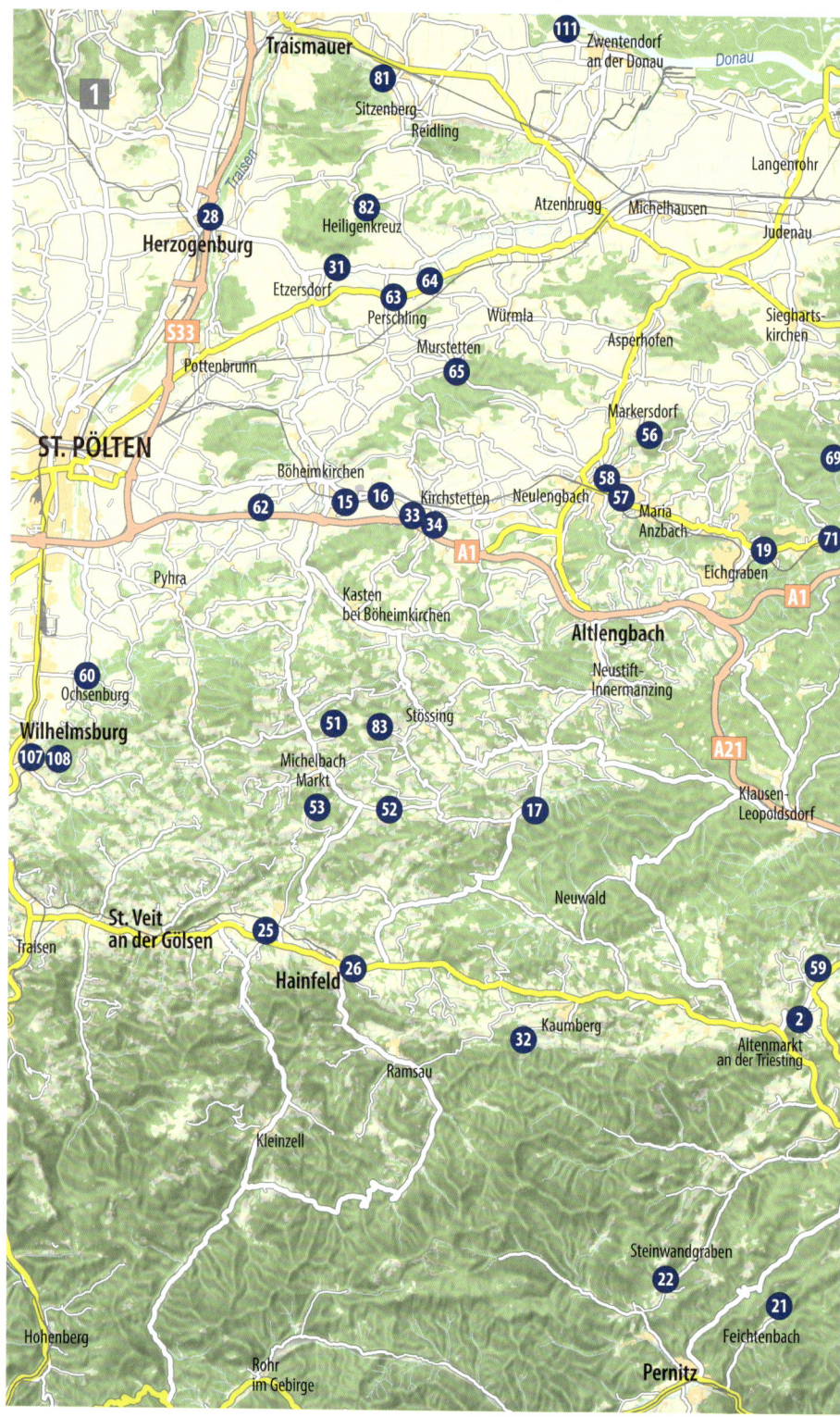

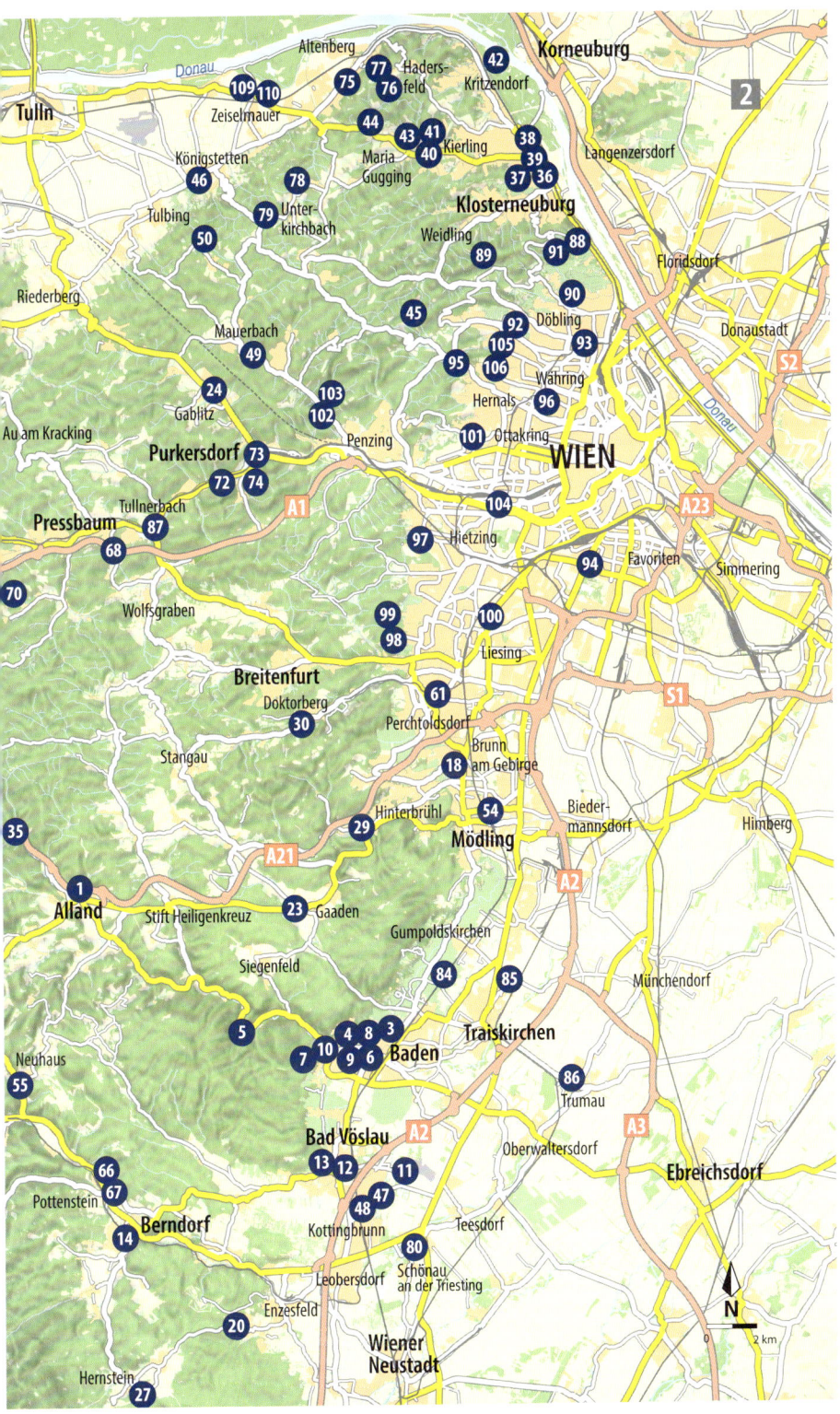

Sabine M. Gruber
**111 Orte der Musik in Wien,
die man erlebt haben muss**
ISBN 978-3-7408-0348-3

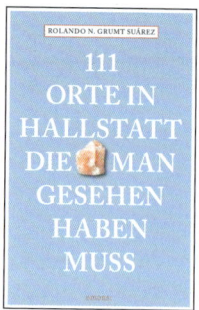

Rolando Grumt Suárez
**111 Orte in Hallstatt, die
man gesehen haben muss**
ISBN 978-3-7408-0858-7

Susanne Gurschler
**111 Orte in Osttirol, die
man gesehen haben muss**
ISBN 978-3-7408-0847-1

Günther Pfeifer,
Gerhard Hohlstein,
Franziska Wohlmann-Pfeifer
**111 Orte im Weinviertel, die
man gesehen haben muss**
ISBN 978-3-7408-0843-3

Daniela Dejnega, Luzia
Schrampf, Tobias Fassbinder
**111 Weine aus Österreich, die
man getrunken haben muss**
ISBN 978-3-7408-0618-7

Sophie Reyer, Johanna Uhrmann
**111 Wiener Orte
und ihre Legenden**
ISBN 978-3-7408-0674-3

Monika Schmitz
**111 Orte im Lungau, die
man gesehen haben muss**
ISBN 978-3-7408-0573-9

Kristof Halasz
**111 Orte in Vorarlberg, die
man gesehen haben muss**
ISBN 978-3-7408-0568-5

Erwin Uhrmann,
Johanna Uhrmann
**111 Orte in der Wachau, die
man gesehen haben muss**
ISBN 978-3-7408-0565-4

Robert Preis, Niki Schreinlechner
111 schaurige Orte in der Steiermark, die man gesehen haben muss
ISBN 978-3-7408-0445-9

Susanne Gurschler
111 Orte in Innsbruck, die man gesehen haben muss
ISBN 978-3-7408-0343-8

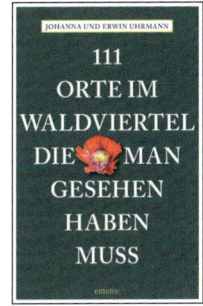

Erwin Uhrmann, Johanna Uhrmann
111 Orte im Waldviertel, die man gesehen haben muss
ISBN 978-3-7408-0346-9

Gerald Polzer, Stefan Spath, Antonia Schulz
111 Orte in der Steiermark, die man gesehen haben muss
ISBN 978-3-7408-0140-3

Gerald Polzer, Stefan Spath
111 Orte in Oberösterreich, die man gesehen haben muss
ISBN 978-3-95451-857-9

Susanne Gurschler
111 Orte in Tirol, die man gesehen haben muss
ISBN 978-3-95451-834-0

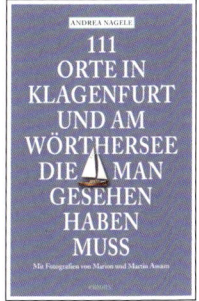

Andrea Nagele, Marion Assam, Martin Assam
111 Orte in Klagenfurt und am Wörthersee, die man gesehen haben muss
ISBN 978-3-95451-591-2

Marion Rapp
111 Schätze der Natur rund um den Bodensee, die man gesehen haben muss
ISBN 978-3-95451-619-3

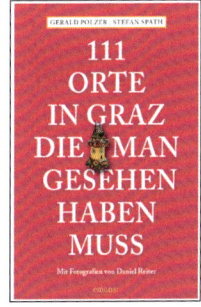

Gerald Polzer, Stefan Spath
111 Orte in Graz, die man gesehen haben muss
ISBN 978-3-95451-466-3

Gerald Polzer, Stefan Spath,
Pia Claudia Odorizzi von Rallo
**111 Orte im Salzkammergut,
die man gesehen haben muss**
ISBN 978-3-95451-231-7

Stefan Spath
**111 Orte in Salzburg, die
man gesehen haben muss**
ISBN 978-3-95451-114-3

Karl Haimel, Peter Eickhoff
**111 Orte in Wien, die man
gesehen haben muss**
ISBN 978-3-7408-0746-7

Ambroise Tièche, Katharina
Hohmann, Fritz von Klinggräff
**111 Orte in Genf, die man
gesehen haben muss**
ISBN 978-3-7408-0835-8

Nina Kobelt, Silvia Schaub
**111 Orte rund um den Säntis,
die man gesehen haben muss**
ISBN 978-3-7408-0550-0

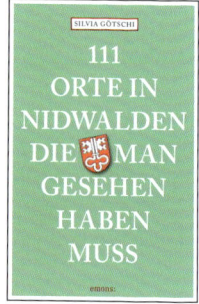

Silvia Götschi
111 Orte in Nidwalden, die
man gesehen haben muss
ISBN 978-3-7408-0566-1

Sonja Muhlert, Adrian Künzi
**111 Orte in und um Biel/Bienne,
die man gesehen haben muss**
ISBN 978-3-7408-0340-7

Corinne Päper, Georg Holubec
111 Orte in Winterthur, die man
gesehen haben muss
ISBN 978-3-7408-0237-0

Marcus X. Schmid,
Michel Riethmann
**111 Orte in Luzern und rund
um den Vierwaldstättersee,
die man gesehen haben muss**
ISBN 978-3-7408-0866-2

Uwe Ramlow
**111 Orte im Tessin, die
man gesehen haben muss**
ISBN 978-3-95451-840-1

Mercedes Korzeniowski-Kneule
**111 Orte in Basel, die
man gesehen haben muss**
ISBN 978-3-95451-702-2

Oliver Schröter, Falk Saalbach
**111 Orte in Zürich, die
man gesehen haben muss**
ISBN 978-3-95451-538-7

Cornelia Lohs
**111 Orte in Bern, die man
gesehen haben muss**
ISBN 978-3-95451-669-8

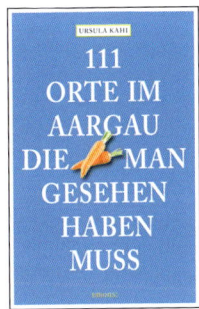

Ursula Kahl
**111 Orte im Aargau, die
man gesehen haben muss**
ISBN 978-3-95451-537-0

Christian Löhden
**111 Orte in Graubünden, die
man gesehen haben muss**
ISBN 978-3-95451-514-1

Dorothee Fleischmann,
Carolina Kalvelage
**111 Orte in Budapest, die
man gesehen haben muss**
ISBN 978-3-95451-744-2

Matěj Černý, Marie Peřinová
**111 Orte in Prag, die man
gesehen haben muss**
ISBN 978-3-95451-927-9

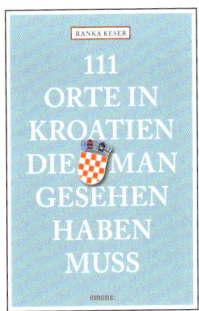

Ranka Keser
**111 Orte in Kroatien, die
man gesehen haben muss**
ISBN 978-3-7408-0557-9

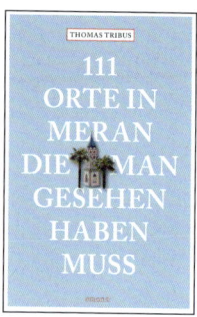

Thomas Tribus
**111 Orte in Meran, die
man gesehen haben muss**
ISBN 978-3-7408-0443-5

Max Fleschhut
**111 Orte auf Elba, die man
gesehen haben muss**
ISBN 978-3-7408-0587-6

Franz Hlavac, Gisela Hopfmüller
**111 Orte in Friaul und Julisch
Venetien, die man gesehen
haben muss**
ISBN 978-3-7408-0575-3

Natalino Russo
**111 Orte in Neapel, die man
gesehen haben muss**
ISBN 978-3-7408-0478-7

Maurizio Francesconi,
Alessandro Martini
**111 Orte in Langhe, Roero
und Monferrato, die man
gesehen haben muss**
ISBN 978-3-7408-0474-9

Fabrizio Ardito
**111 Orte in Umbrien, die
man gesehen haben muss**
ISBN 978-3-7408-0238-7

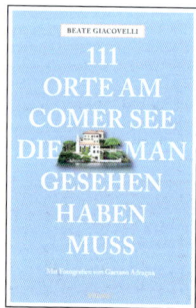

Beate Giacovelli,
Gaetano Adragna
**111 Orte am Comer See, die
man gesehen haben muss**
ISBN 978-3-95451-833-3

Marx de Morais
**111 Orte in Turin
und im Piemont, die man
gesehen haben muss**
ISBN 978-3-95451-736-7

Giulia Castelli Gattinara,
Mario Verin
**111 Orte in Mailand, die
man gesehen haben muss**
ISBN 978-3-95451-617-9

Astrid Süßmuth
111 Almen und Hütten in Oberbayern, die man gesehen haben muss
ISBN 978-3-7408-0823-5

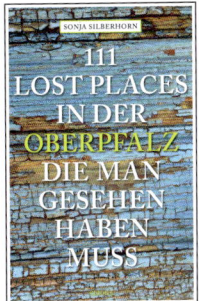

Sonja Silberhorn
111 Lost Places in der Oberpfalz, die man gesehen haben muss
ISBN 978-3-7408-0838-9

Christine Hochreiter, Frank Klein
111 Orte in und um Passau, die man gesehen haben muss
ISBN 978-3-7408-0733-7

Cornelia Ziegler
111 Orte rund um München, die man gesehen haben muss
ISBN 978-3-7408-0437-4

Bernd Schinner, René Rabenbauer
111 Orte im Fichtelgebirge, die man gesehen haben muss
ISBN 978-3-7408-0741-2

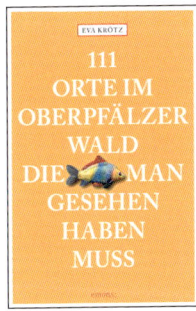

Eva Krötz
111 Orte im Oberpfälzer Wald, die man gesehen haben muss
ISBN 978-3-7408-0331-5

Lust auf mehr? Laden Sie sich die »LChoice«-App runter, scannen Sie den QR-Code und bestellen Sie weitere Bücher direkt in Ihrer Buchhandlung.

LChoice
Hier bestellen

Sabine M. Gruber, geboren in Linz/Donau, lebt mit ihrer Familie als freie Autorin in Klosterneuburg – mitten im Wienerwald. Sie hat Fremdsprachen und Musik studiert und ist viel in der Welt herumgekommen. Fotografieren war schon immer ihre Leidenschaft. Neben Romanen und Erzählungen schreibt sie Bücher und Texte über Musik und Kunst und über das Unterwegssein.